ПОЛЬОВІ ЗЙОМКИ

Польові зйомки

Оцифрування документальної спадщини у складних умовах

*За редакцією
Джоді Баттерворт, Ендрю Пірсона,
Патріка Сазерленда та Адама Фаркухара*

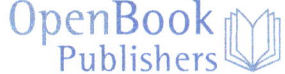

https://www.openbookpublishers.com

© 2025 Джоді Баттерворт, Ендрю Пірсон, Патрік Сазерленд та Адам Фаркухар
Авторські права на окремі розділи зберігаються за їхніми авторами

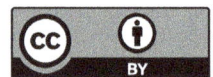

Ця книга розповсюджується на умовах ліцензії Creative Commons Attribution 4.0 International (CC BY 4.0). Ця ліцензія дозволяє вам ділитися, копіювати, поширювати твори і використовувати їх в комерційних цілях за умови посилання на авторів (але не так, щоб виглядало, що вони підтримують вас або ваше використання цього твору). Посилання повинно включати наступну інформацію:

Джоді Баттерворт, Ендрю Пірсон, Патрік Сазерленд та Адам Фаркухар (ред.), *Польові зйомки: оцифрування документальної спадщини у складних умовах*. Кембридж, Велика Британія: Open Book Publishers, 2025. https://doi.org/10.11647/OBP.0480

Для доступу до детальної та оновленої інформації про ліцензію, будь ласка, відвідайте https:// www.openbookpublishers.com/product/0480#copyright

Більш детальна інформація про ліцензії CC BY доступна за посиланням https://creativecommons.org/licenses/by/4.0/

Усі зовнішні посилання були активними на момент публікації, якщо не зазначено інше, і були заархівовані через Internet Archive Wayback Machine за адресою https://archive.org/web.

Було зроблено все можливе, щоб виявити і зв'язатися з власниками авторських прав, і будь-яка прогалина або помилка буде виправлена, якщо про неї буде повідомлено видавця.

Цифрові матеріали та ресурси, пов'язані з цим виданням, доступні за посиланням https://www. openbookpublishers.com/product/0480#resources

Open Field Guides Series, vol. 3 | ISSN: 2514-2496 (Print); 2514 250X (Online)
ISBN обкладинка: 978-1-80511-663-9
ISBN палітурка: 978-1-80511-664-6
ISBN цифрова (PDF): 978-1-80511-665-3
ISBN Цифрова електронна книга (epub): 978-1-80511-666-0
ISBN Цифрова електронна книга (HTML): 978-1-80511-667-7
DOI: 10.11647/OBP.0480

Зображення на обкладинці: монахи оцифровують буддійські рукописи на подвір'ї монастиря Гангтей, Бутан (2006). Фото Карма Пхунчо, CC-BY 4.0.

Весь папір, який використовує видавництво «Open Book Publishers», має сертифікати SFI (Ініціатива сталого лісового господарства) та PEFC (Програма схвалення схем лісової сертифікації).

Зміст

Список зображень	1
Список таблиць	5
Автори	7
Передмова	9
Подяки	11
Примітка до вставок у тексті	12
Бренди та виробники	13
Цифрові ресурси	13
Вступ	15
1. Планування проєкту	19
Розробка проєкту	19
Розрахунок бюджету	24
2. Обладнання та навички для оцифрування в польових умовах	39
Камери та сканери	39
Дзеркальна цифрова камера: загальний вступ	42
Дзеркальні фотоапарати DSLR: принципи та налаштування	44
Штативи, підставки для копіювання та пульти дистанційного керування	58
Освітлення та спалах	68
Необхідне обладнання та навички	76
Практичні поради для фотографування в польових умовах	77
Жорсткі диски та впорядкування даних	81
Сканери	82
3. Стандарти зображень	87
Вступ	87
Що варто врахувати	88
Приклади хороших і поганих зображень	91
Як уникнути поширених проблем	99

4. Догляд за колекцією та робота з документами	107
Загальні принципи безпечного поводження з бібліотечними матеріалами	107
Брудний і запилений матеріал	108
Фотографії та негативи зі скляних пластин	110
Розрізнені аркуші	110
Переплетені об'єкти	111
Сховище	113
5. Робочий процес оцифрування	115
Підготовка	116
Створення цифрових зображень	119
Перейменування та впорядкування цифрових зображень	121
Обробка та експорт цифрових зображень	122
Резервне копіювання	123
Перевірка на віруси	129
Каталогізація/створення метаданих	129
6. На місці	131
Перед від'їздом	133
Політика	140
Місцеві зв'язки та партнерства	144
Управління очікуваннями	145
Комунікація	149
Персонал та управління ним	150
Гроші	153
Інформаційно-просвітницька робота	156
Висновок	159
Додаткові ресурси	163
Корисні завантаження	163
Інше читання	163
Глосарій	164

Список зображень

Авторські права на зображення, відтворені в цій книжці, належать окремим грантерам програми «Архіви під загрозою зникнення» (Endangered Archives Programme, EAP). Однак, відповідно до умов надання грантів програми «Архіви під загрозою зникнення», грантери дають згоду на те, що EAP може ділитися інформацією, наданою в рамках проєкту. Тим не менш, ми хотіли б подякувати всім грантерам EAP, які надали ці фотографії як частину свого проєктного архіву. Мальовані ілюстрації виконала Енн Лівер.

1	EAP650, Архівування афро-колумбійської історії в Калото В'єхо, Колумбія. Фото © Thomas Desch Obi, CC BY 4.0.	стор. 10
2	EAP704, на шляху до Мараве-Крестос, Ефіопія. Фото © Michael Gervers, CC BY 4.0.	стор. 12
3	EAP700, Збереження рукописів єпископського дому Джафни, Шрі-Ланка. Фото© Appasamy Murugaiyan, CC BY 4.0.	стор. 13
4	EAP329, Пересувний проєкт з оцифрування аческих рукописів у примітивних умовах, Індонезія. Фото © Fakhriati Thahir, CC BY 4.0.	стор. 22
5	EAP039, Фотографування буддиських рукописів у Бутані. Фото © Karma Phuntsho, CC BY 4.0.	стор. 23
6	EAP524, Державний архів острова Святої Єлени, Джеймстаун. Фото © Andrew Pearson, CC BY 4.0.	стор. 28
7	EAP627, Крихкий рукопис з Параїби, Бразилія. Фото © Courtney Campbell, CC BY 4.0.	стор. 30
8	EAP643, Підготовлені до оцифрування рукописи, Бенгалія. Фото© Abhijit Bhattacharya, CC BY 4.0.	стор. 33
9	EAP488, Команда EAP в роботі, Малі. Фото © Sophie Sarin, CC BY 4.0.	стор. 34
10	EAP644, Камера і сканер використовуються паралельно, Бейрут. Фото © Yasmine Chemali, CC BY 4.0.	стор. 40
11	Приклади гістограм. Фото© Patrick Sutherland, CC BY 4.0.	стор. 52

12	Шкала сірого та шкала кольорів.Фото© Patrick Sutherland, CC BY 4.0.	стор. 53
13	EAP704 Аббатство Дабра та EAP526 Мей Вейні, Ефіопія. Фото © Michael Gervers, CC BY 4.0.	стор. 54
14	Електронні сітки допомагають вирівняти об'єкти під час копіювання. Фото © Patrick Sutherland, CC BY 4.0.	стор. 58
15	Утиліта EOS. Фото © Patrick Sutherland, CC BY 4.0.	стор. 61
16	Підставка для копіювання з боковим освітленням. Ілюстрація © Anne Leaver, CC BY 4.0.	стор. 63
17	EAP524, Фотоапарат і підставка в державному архіві острова Святої Єлени.Фото© Andrew Pearson, CC BY 4.0.	стор. 63
18	Схема підставки для копіювання в перевернутому положенні. Ілюстрація © Anne Leaver, CC BY 4.0.	стор. 64
19	EAP769, Оцифрування за допомогою штатива з центральною колоною в Монтсерраті. Фото © Nigel Sadler, CC BY 4.0.	стор. 64
20	Штатив з горизонтальним копіювальним важелем. Ілюстрація © Anne Leaver, CC BY 4.0.	стор. 65
21	EAP698, Оцифрування рукописів Чам у В'єтнамі. Фото © Hao Phan, CC BY 4.0.	стор. 66
22	Пошук рішення, коли ламається підставка для копіювання: EAP569, Використання ткацького верстата для оцифрування культурних матеріалів Нзема з Гани. Фото © Samuel Nobah, CC BY 4.0.	стор. 67
23	EAP454, Використання простих настільних ламп під час роботи у віддаленому районі Мізорам, Індія. Фото © Kyle Jackson, CC BY 4.0.	стор. 70
24	EAP764, Блокування сонячного світла під час оцифрування матеріалу з Бандіагари, Малі.Фото © Fabrizio Magnani, CC BY 4.0.	стор. 71
25	Намальована ілюстрація, що показує установку спалаху/парасольки під кутом 45 градусів до поверхні копіювання.Ілюстрація© Anne Leaver, CC BY 4.0.	стор. 72
26	Налаштування обладнання для оцифрування негативів зі скляної пластини з використанням копіювальної стійки та лайтбоксу. Ілюстрація © Anne Leaver, CC BY 4.0.	стор. 74
27	EAP563, Сканування фотографій з колекції родини Х'юм, Аргентина. Фото© Silvana Lucia Piga, CC BY 4.0.	стор. 83
28	EAP086, Тимчасова установка для сканування під час оцифрування фотографій у монастирі в Лаосі.Фото © Martin Jürgens, CC BY 4.0.	стор. 85

29	Запобігання появі світла на зображенні. Фото © Elizabeth Hunter, CC BY 4.0.	стор. 98
30	Пінопласт під переплетеною книгою з жорстким корінцем. Фото © Elizabeth Hunter, CC BY 4.0.	стор. 102
31	Покроковий метод відкриття та розміщення згорнутої карти, вміщеної в переплетеній книзі.Фото © Elizabeth Hunter, CC BY 4.0.	стор. 106
32	Діаграма, що показує правильний напрямок очищення переплетеного тому. Ілюстрація © Anne Leaver, CC BY 4.0.	стор. 109
33	Схема книги та термінологія книгопереплетення. Ілюстрації © Anne Leaver, CC BY 4.0.	стор. 112
34	EAP703, Оцифрування нотаріальних книг у Баїя, Бразилія. Фото © João Reis, CC BY 4.0.	стор. 116
35	Приклад форми відстеження документу.Фото © Andrew Pearson, CC BY 4.0.	стор. 118
36	Приклад форми відстеження оцифрування. Ілюстрація © Andrew Pearson, CC BY 4.0.	стор. 118
37	Польова система для резервного копіювання. Ілюстрація © Andrew Pearson, CC BY 4.0.	стор. 128
38	EAP256, Внесення до списку відбувається одночасно з фотографуванням у Тамале, Ґана. Фото © Ismail Montana, CC BY 4.0.	стор. 130
39	EAP526, Теорія зустрічається з практикою в Ефіопії. Фото © Michael Gervers, CC BY 4.0.	стор. 131
40	EAP688, Крихкі об'єкти.Фото © Kenneth Morgan, CC BY 4.0.	стор. 132
41	EAP061, Зроблена на замовлення підставка для копіювання, Індонезія. Фото © Amiq Ahyad, CC BY 4.0.	стор. 137
42	EAP698, На дорозі у В'єтнамі. Фото © Hao Phan, CC BY 4.0.	стор. 138
43	EAP334, Цифрове збереження рукописів Волоф Аджамі, Сенегал. Фото © Fallou Ngom, CC BY 4.0.	стор. 146
44	EAP627, Навчання персоналу в Параїбі, Бразилія. Фото © Courtney Campbell, CC BY 4.0.	стор. 151
45	EAP524, Історичні каракулі.Фото © Andrew Pearson, CC BY 4.0.	стор. 153
46	EAP051, Радіопрограма Всесвітньої служби Бі-Бі-Сі про важливість манускриптів Бамума, Камерун.Фото © Konrad Tuchscherer, CC BY 4.0.	стор. 156

| 47 | EAP596, Газетні вирізки, сфотографовані в рамках «Дня оцифрування», організованого EAP Ангільї.Фото © Andrew Pearson, CC BY 4.0. | стор. 158 |
| 48 | EAP177, Доставка: жорсткі диски готові до відправки з Лаосу. Фото © Martin Jürgens, CC BY 4.0. | стор. 160 |

Список таблиць

1	Приклади кількісних показників, оцінених шляхом підрахунку сторінок та довжини полиці	стор. 27
2	Вибіркові дані та кількісна оцінка праці	стор. 32
3	Стандарти EAP для цифрових матеріалів	стор. 90
4	Короткий виклад правил резервного копіювання	стор. 126

Автори

Джоді Баттерворт навчалася в Міжнародній школі Женеви разом зі студентами з 80 різних країн світу, і, ймовірно, саме цей щасливий час сформував її інтереси. Вона сім років жила і працювала в Азії, і під час перебування в Монголії надихнулась перспективою роботи в сфері культурної спадщини. Джоді стала куратором EAP у 2012 році і вважає цю роботу неймовірно корисною.

Адам Фаркухар керує програмою «Архіви під загрозою зникнення». Він також очолює відділ цифрових стипендій Британської бібліотеки, де разом зі своєю командою створює послуги для дослідників, які повною мірою використовують можливості цифрових колекцій і даних у всіх форматах і тематиках. Адам керував кількома великими дослідницькими проєктами та заснував програми зі збереження цифрових даних у Британській бібліотеці. Він був членом-засновником виконавчого комітету Міжнародного консорціуму з сумісності зображень (IIIF), президентом-засновником DataCite і президентом-засновником Open Preservation Foundation. Він відповідає за колекції карт, газет, фотографій, аудіо та рухомих зображень Бібліотеки. До приходу в Бібліотеку він був організатором управління знаннями в компанії Schlumberger і науковим співробітником лабораторії систем знань Стенфордського університету.

Елізабет Хантер почала працювати у 1988 році в фотостудії Британської бібліотеки, яка на той час базувалася у Британському музеї, і займалася студійною та натурною фотографією, а також обробкою чорно-білої плівки. Коли Британська бібліотека переїхала до свого теперішнього місця розташування у 1998 році, Елізабет використала першу дзеркальну камеру для фотографування королеви, які офіційно відкривала нову будівлю. Елізабет стежить за останніми розробками і зараз працює над 360VR та 3D фотографіями.

Флавіо Марцо народився в Сузі поблизу Турина в Італії. Зараз він живе в Лондоні, де з 2005 року працює в Британській бібліотеці, а в 2012 році став акредитованим представником Інституту консервації ICON. Раніше він працював у таких відомих установах, як Ватиканська бібліотека та бібліотеки коледжів Королеви і Магдалини в Оксфорді, а також як приватний консерватор/реставратор у бенедиктинському монастирі Новалеза в Італії. Він також брав участь у кількох проєктах зі збереження пам'яток в Італії, Греції та Єгипті як консерватор, консультант і викладач. У 2012 році Флавіо був призначений керівником студії консервації в катарському проєкті з оцифрування в рамках партнерства Британської бібліотеки та Фонду Катару. Він також є автором низки статей, опублікованих у журналах з консервації.

Ендрю Пірсон - старший консультант зі спадщини в AECOM. Має статус наукового співробітника в Університеті Брунеля. Його докторська дисертація і дослідження на початку кар'єри були зосереджені на римській Британії, а поточні дослідження стосуються історичної археології атлантичної работоргівлі, з особливою увагою до острова Святої Єлени та англомовних країнах Карибського басейну. Його проєкти для програми «Архіви під загрозою зникнення» включають EAP524 (острів Святої Єлени), EAP596 (Ангілья), EAP688 і EAP1013 (обидва - Сент-Вінсент) та EAP794 (Невіс).

Патрік Сазерленд - незалежний фотограф і в минулому викладач документальної фотографії в Лондонському університеті мистецтв. Понад два десятиліття Патрік документує культуру тибетських громад долини Спіті на півночі Індії. Результатом проєкту стали численні виставки та дві книги: «*Спіті*» та «*Учні божевільного святого*». Остання присвячена бухенам - мандрівним акторам релігійного театру, екзорцистам, музикантам і цілителям, унікальним для Спіті, чия матеріальна культура є об'єктом двох грантів Сазерленда за програмою «Архіви під загрозою зникнення», EAP548 і EAP749.

Передмова

Адам Фаркухар

Від палючої спеки до крижаного холоду. Від пісків пустелі до солоного океанського повітря. З високих гір до вологих джунглів. З відкритого простору під прямим сонцем до тісних і затінених халуп. Команди проєктів, які ми підтримуємо в рамках програми «Архіви під загрозою зникнення» (EAP), працювали в усіх цих умовах, і не лише в них, оцифровуючи світову документальну спадщину, що перебуває під загрозою зникнення, зберігаючи її та роблячи доступною для досліджень.

Як директора EAP, мене надихають ці люди. Що більше я дізнавався про їхній повсякденний досвід і ті проблеми, на які вони наражаються у порівнянні з проєктами оцифрування, якими ми керуємо в Лондоні, то більше усвідомлював, наскільки корисно було б зібрати їхні знання та досвід у книжковій формі. Для цього ми зібрали чудову команду з глибоким досвідом польових проєктів з оцифрування, студійного оцифрування та роботи з матеріалами. Працюючи разом, вони створили цю книгу. Хоча ми писали її для проєктів «Архіви під загрозою зникнення», вона має набагато ширше застосування.

Ми сподіваємося, що ця книга допоможе всім, хто бере участь у польових проєктах з оцифрування. Вона містить чіткі практичні поради які допоможуть вам у плануванні, управлінні та виконанні такого проєкту, і охоплює такі теми, як організація та складання списків об'єктів, оцифрування делікатних матеріалів та використання метаданих для точного опису результатів.

EAP фінансується благодійним фондом Лісбет Раузінг та Пітера Болдуіна «Arcadia», який підтримує збереження культурної спадщини та сприяє відкритому доступу до неї. Саме завдяки щедрості фонду ми змогли створити цю книгу і зробити її доступною для всіх на засадах відкритого доступу.

Ми створили та опублікували цю книгу разом з видавництвом «Відкрита книга» (Open Book Publishers), щоб ані вартість, ані доступ не стали перешкодою для потенційного читача в будь-якій точці світу. На додаток до самої книги, яка може бути зручним довідником у польових умовах і не потребує стабільного електропостачання для читання, ми також надали набір онлайн-додатків, які будуть оновлюватися в міру того, як змінюється обладнання або рекомендації. Ми також вітаємо відгуки читачів, щоб у майбутніх виданнях відображати найкращі наявні практики.

Ми сподіваємося, що це видання допоможе вам і багатьом іншим оцифровувати та зберігати документальну спадщину світу, яка перебуває під загрозою зникнення, включно з тією її частиною, яка важлива для вас, вашої родини та вашої громади.

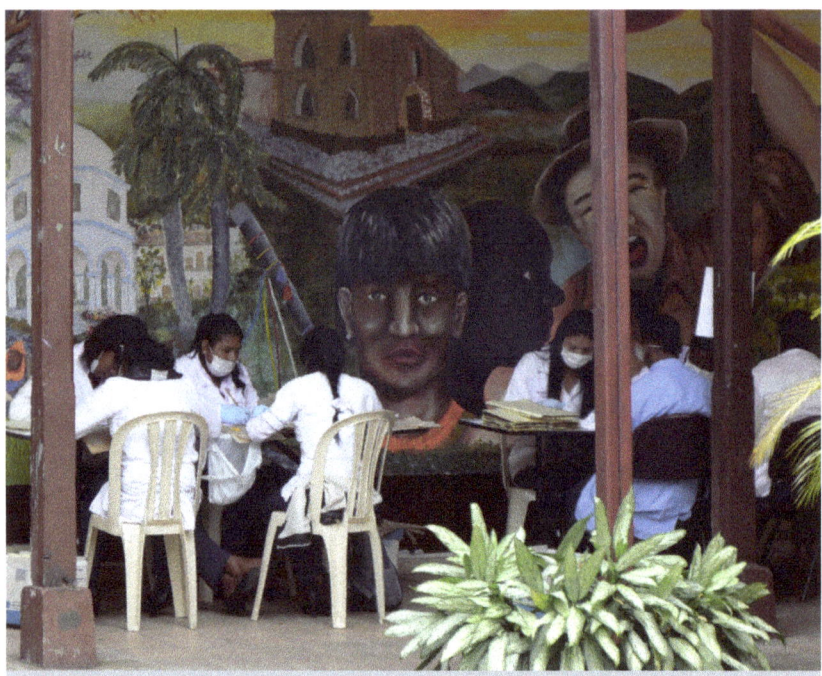

Зображення 1. EAP650, Архівування афро-колумбійської історії в Калото В'єхо, Колумбія. Фото © Thomas Desch Obi, CC BY 4.0.

Подяки

Співробітники програми «Архіви під загрозою зникнення» дякують усім, хто долучився до створення цієї публікації, зокрема Антеї Кейс і Майї Комінко з фонду «Аркадія», які підтримали початкову ідею. Ми вдячні Метту Фаберу, який надзвичайно люб'язно поділився своїми знаннями щодо обладнання для сканування, Енн Лівер, яка сумлінно працювала над ілюстраціями, Аластеру Хорну, який ретельно вичитував остаточний варіант, і Г'ю Пірсону за його роботу над текстом і рисунками в цифровому додатку 1. Примітки до процесу, викладені в цифровому додатку 2, значною мірою спираються на роботу, виконану Беном Джеффсом під час проєкту EAP на Ангільї. Ми також дякуємо менеджерам Британської бібліотеки Карлу Геррісу і Сарі-Джейн Хемлін, які підтримали участь Елізабет Хантер і Флавіо Марцо в роботі над цією книгою. Ми також хотіли б висловити подяку зовнішнім рецензентам: Андреасу Нефу, Девіду Смоллу та Вейну Торборгу, чий досвід та коментарі надзвичайно допомогли нам. Ми також дуже вдячні видавництву «Відкрита книга», яке було доступним, готовим допомагати і терплячим під час роботи над книгою.

На нашу думку, особливістю цієї публікації є дуже чесні розповіді та чудові фотографії проєктів, що реалізуються на місцях. EAP висловлює подяку всім, хто долучився до цієї роботи, а це: Амік Ахьяд; Ганс Бергер; Абхіджит Бхаттачарья; Кортні Кемпбелл; Ананья Чакраварті; Ясмін Чемалі; Грем Каунсел; Біргіт Ембало; Майкл Ґерверс; Поппі Ґоґой; Зої Хедлі; Кайл Джексон; Бен Джеффс; Мартін Юрґенс; Александр Кіз; Девід ЛаФевор; Джозеф Лалзарліана; Фабріціо Маньяні; Ісмаїл Монтана; Стівен Морі; Кеннет Морган; Аппасамі Муругайян; Н. Муругесан; Фаллу Нгом; Семюель Ноба; Томас Деш Обі; Сільвана Люсія Піґа; Хао Фан; Карма Пхунчо; Тім Проктер; Жоао Рейс; Найджел Седлер; Софі Сарін; Девід Смолл; Фахріаті Тахір; Джоел Тауло; Конрад Тухшерер; Фернандо Валле; Цзянь Сюй; Гастінґс Зідана; а також усі ті, хто зображений на фотографіях, хоч і не названий, але без кого EAP не був би таким успішним.

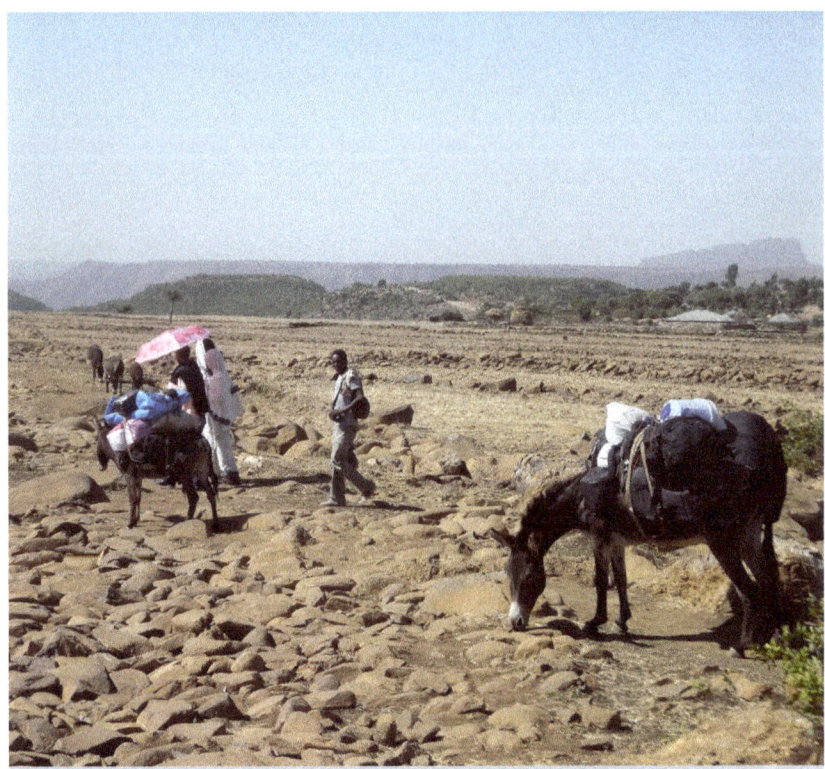

Зображення 2. EAP704, На шляху до Мараве-Крестос, Ефіопія.
Фото© Майкл Герверс, CC BY 4.0.

Примітка до вставок у тексті

У рамках цього проєкту ми зв'язалися з кількома колишніми та теперішніми грантерами EAP і просили їх розповісти про свій досвід. Географічно вони охоплюють Африку, Азію, Центральну та Південну Америку, Карибський басейн та представляють широке розмаїття політичних та соціальних обставин. Всі разом вони були неоціненним ресурсом під час написання цієї книги, надаючи загальні поради та ділячись своїм досвідом реалізації проєктів.

Повністю відтворити ці відповіді неможливо, а в деяких випадках це було б недоречно. Особливо це стосується проєктів, які або все ще діють, або нещодавно завершилися, а також тих, які відверто говорять про місцеві обставини. Там, де це можливо, вибрані цитати вказані з посиланням на їхніх авторів і проєкти, але деякі з них були знеособлені, а іноді й дещо переписані, щоб зберегти конфіденційність.

Бренди та виробники

У цій книзі згадуються деякі виробники обладнання та програмні продукти. Це було необхідно, оскільки інакше в деяких місцях книги нормальне обговорення було б неможливим. Ця проблема ще більш очевидна в цифрових додатках, які неможливо було б скласти без конкретних посилань на певні бренди, моделі та програмне забезпечення.

У деяких випадках, передусім для камер, існує загальноприйнятий «галузевий стандарт». У таких випадках ми надаємо конкретні рекомендації щодо того, що слід придбати для проєкту EAP (див. цифровий додаток 4). Однак в інших місцях ми обговорюємо продукти, щодо яких існує кілька можливих варіантів. Це особливо стосується програмного забезпечення. У таких випадках це не треба вважати рекомендацію, навіть якщо згадується конкретний продукт.

Цифрові ресурси

Ця книга супроводжується низкою цифрових додатків. Вони надають детальну інформацію про певні аспекти проєкту оцифрування:

Цифровий додаток 1. Практичні методи оцифрування
Цифровий додаток 2. Використання електронного спалаху
Цифровий додаток 3. Примітки до процесу оцифрування
Цифровий додаток 4. Перелік вартості обладнання
Ці ресурси можна знайти на сайті https://doi.org/10.11647/OBP.0138.11

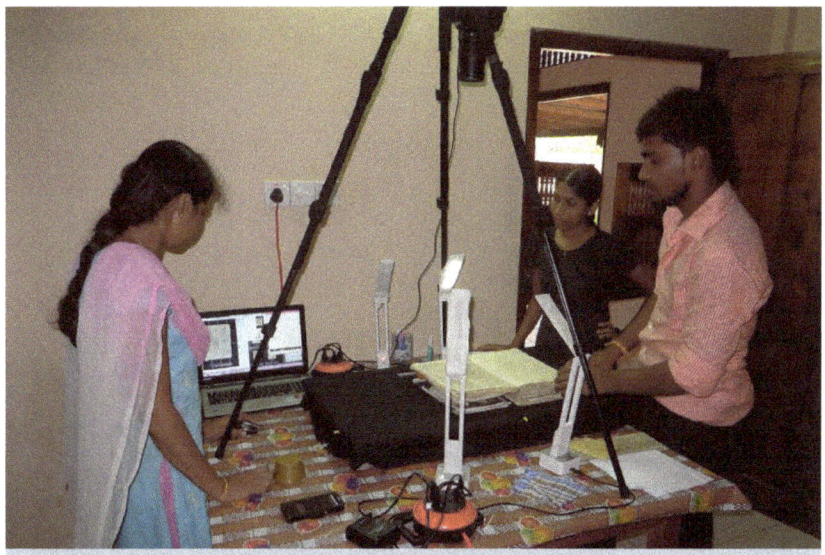

Зображення 3. EAP700, Збереження рукописів єпископського дому Джафни, Шрі-Ланка. Фото © Appasamy Murugaiyan, CC BY 4.0.

Вступ

Джоді Баттерворт

Програма «Архіви під загрозою зникнення» (EAP) була започаткована у 2004 році з початковим грантом у розмірі 10 мільйонів фунтів стерлінгів від фонду «Аркадія». Адміністратором програми є Британська бібліотека. Мета програми - сприяти збереженню документальної спадщини, яка перебуває під загрозою занедбання, фізичного псування або знищення в регіонах світу з обмеженими ресурсами, насамперед в Африці, Азії, Латинській Америці та деяких частинах Європи. Це досягається шляхом щорічного надання грантів, які дозволяють заявникам знайти відповідні архівні колекції, що перебувають під загрозою зникнення, організувати їхню передачу до відповідної місцевої архівної установи, де це необхідно, створити цифрові копії матеріалів і передати їх на зберігання до місцевих установ і Британської бібліотеки. На сьогоднішній день програма профінансувала понад 300 проєктів у більш ніж 90 країнах світу, різноманітність і масштаби яких вражають. Як результат, наразі в інтернеті є понад 6 мільйонів зображень з проєктів програми.

Коли почала вщухати радість від святкування десятої річниці програми, команда «Архівів під загрозою зникнення» усвідомила, що існує величезна кількість знань і досвіду, отриманих під час реалізації всіх проєктів в усьому світі, і що цю інформацію слід зібрати докупи, щоб надати поради майбутнім проєктам, які, ймовірно, зіштовхнуться з дуже схожими проблемами. Багато грантерів досягли успіху (іноді всупереч всім обставинам) у надзвичайно важкодоступних і складних регіонах, і команда EAP вирішила, що важливо поділитися цим унікальним і цінним досвідом. Ця книга - результат. Її мета - спробувати зробити так, щоб будь-кому у подібних ситуаціях не довелося вчитися з нуля. Наш намір - підвищити впевненість кожного, хто збирається розпочати проєкт з оцифрування (можливо, вперше), і хто, можливо, не має поруч колегу, до якого можна звернутися за допомогою. Ми сподіваємося, що, даючи чіткі вказівки щодо необхідних процесів і стандартів, яких очікує EAP, якість матеріалів, вироблених у рамках будь-якого проєкту, буде однаково високою.

Звичайно, немає двох однакових проєктів, і ця книга не може бути директивною щодо наведених тут порад. Найважливіше, чого ми навчилися, читаючи фінальні звіти багатьох виконавців проєктів, - це необхідність бути гнучкими та винахідливими. Типи наданих грантів були настільки різноманітними, що ми не можемо застосувати універсальний підхід. Деякі проєкти працюють в одному місці і розкошують, бо мають виділений простір для оцифрування в певній установі, тоді як інші мандрують і шукають матеріали, що зберігаються в приватних сімейних колекціях. У деяких проєктів було регулярне і надійне електропостачання, а у інших ні. EAP має надзвичайно широкий підхід до терміну «архів», і це також впливає на те, як оцифровувати - щільно переплетений рукопис, негатив на скляній пластині, мапа чи крихке видання потребують різних підходів до оцифрування. Всі рекомендації на цих сторінках були випробувані на практиці. Частина книги написана попередніми грантерами, які на власному досвіді відчули, що таке проєкт EAP, а решта написана співробітниками Британської бібліотеки, тому стандарти, дотримання яких ми вимагаємо від проєктів EAP, не відрізнятимуться від тих, які ми встановлюємо самі для себе.

Оцифрування є складним процесом, і хоча є багато доступних ресурсів, немає нічого, що б повністю відповідало потребам спеціалістів будь-якого поточного чи потенційного заявника на отримання допомоги EAP. Потенційний отримувач гранту EAP має стати експертом у багатьох дисциплінах: він повинен бути компетентним в управлінні проєктом, вміти точно оцінити обсяг матеріалу, який планується оцифрувати за певний проміжок часу; а ще очікується, що він повинен вирішити, які заходи слід вжити, якщо робота відбуватиметься в місцевості, де неможливо передбачити наявність ресурсів. Крім того, від грантера очікується, що він буде створювати зображення за професійними стандартами і розумітися на обладнанні, придатному для оцифрування - не лише стосовно моделей камер і об'єктивів, а й мати спеціальні знання щодо моделей, які більш надійно захищені для роботи в запиленому чи вологому середовищі. Грантери повинні володіти технічними знаннями про зйомку, знати правильні формати файлів архівування, а також розумітися на цифрових технологіях збереження матеріалів – по-суті знати все, щоб зображення відповідало стандартам Британської бібліотеки. Нарешті, у деяких проєктів існують справді унікальні проблеми, такі як вразливість звичайних ноутбуків і зовнішніх жорстких дисків до впливу великої висоти над рівнем моря.

Багато з цих проєктів не можуть дозволити собі найсучасніше обладнання. Це проєкти в русі, які часто фотографують рідкісні та дорогоцінні рукописи вдома у людей або в різних установах, де доводиться йти на компроміси. Наприклад, у деяких проєктах доводилося оцифровувати просто неба при денному світлі, бо не було електрики.

Ми сподіваємося, що ця книга розповідає про всі основні вміння, необхідні для отримання гранту EAP. Розділ 1 присвячений плануванню та управлінню проєктами. Звісно, це окрема дисципліна, тому в цьому розділі ми обмежилися лише найнеобхіднішим; тим, хто бажає дізнатися про управління проєктами в цілому, можливо, доведеться звернутися до інших джерел. Мета цього розділу - окреслити деякі ключові питання, характерні для польових проєктів з оцифрування. Це починається на етапі планування, ще до отримання фінансування, а потім переходить до етапу, коли проєкт запущений і працює. Розділ 2 пропонує вичерпний посібник з вибору обладнання, яке вам знадобиться, якщо ви обираєте цифрову дзеркальну камеру або сканер. Загалом, фотоапарати є найбільш придатними для проєктів EAP, тому в цьому розділі ми зосередимо увагу на принципах роботи фотоапарата і на тому, як налаштувати обладнання для оптимальної фіксації зображень. Технології сканування та методи зйомки розглядаються більш стисло. Розділ 3 присвячений стандартам, необхідним для оцифрування, зокрема наводячи приклади зображень, які відповідають нашим настановам, і таких, що не відповідають. Хоча EAP не фінансує консервацію в рамках своїх грантів, важливо враховувати питання збереження матеріалів при виконанні проєкту оцифрування, і це обговорюється в розділі 4. У розділі 5 подано покроковий план робочого процесу, щоб забезпечити правильне виконання кожного етапу, а в розділі 6 розглядаються практичні аспекти та рекомендації для роботи в польових умовах, з багатьма прикладами від попередніх грантерів.

Ці розділи також супроводжуються серією цифрових додатків.[1] Вони містять детальніші вказівки щодо певних аспектів. Додаток 1 пропонує пару практичних методів для оцифрування в польових умовах, водному з яких використовується портативна підставка для книг, що ідеально підходить для невеликих крихких рукописів у палітурці, а в іншому - спеціально виготовлений слайд-стіл, більш придатний для студійних умов; також описано способи виготовлення як підставки, так і слайд-столу. Додаток 2 містить детальні поради щодо налаштування електронного спалаху у вашій студії оцифрування. Додаток 3 містить покрокові інструкції для оцифрування за допомогою стандартної камери та програмного забезпечення. Нарешті, у Додатку 4 наведено перелік необхідного для проєкту оцифрування обладнання з цінами.

Якщо ви читаєте цю книгу, тому що отримали грант EAP, то сподіваємося, що вона буде вам у пригоді. Якщо ж ви взяли її до рук, тому думаєте подати заявку, то сподіваємось, що коли ви дійдете до кінця книги, ви відчуєте, що можете зробити це - і ми з нетерпінням чекатимемо на вашу заявку. Від себе особисто скажу, що для мене, як для куратора EAP, було надзвичайно приємно читати фінальні звіти численних грантерів. Не виходячи зі свого робочого місця в Сент-Панкрас, я перенеслася до різних куточків світу і почула про невтомні зусилля та винахідливі рішення, які команди використовували

---

1 Ці ресурси можна знайти на сайті https://doi.org/10.11647/OBP.0138.11

для досягнення успішних результатів своїх проєктів. Без їхньої пристрасті та ентузіазму програма «Архіви під загрозою зникнення» не була б такою успішною, як я вважаю, і я хотіла б скористатися цією можливістю, щоб подякувати всім, хто був залучений до проєктів ЕАР. Саме завдяки їхній відданості програма змогла зробити доступним для вивчення абсолютно унікальний і раніше невідомий матеріал.

1. Планування проєкту

Ендрю Пірсон

Розробка проєкту

Хоча, можливо, це не найбільш романтичні аспекти проєкту, його обсяг, бюджет і практичне планування є критично важливими. Всі ці питання необхідно враховувати на самому початку, і в наступних розділах розглядаються способи, як за допомогою детального попереднього планування можна створити умови для успішного проєкту.

- Визначте **обсяг** проєкту. Хоча важливо мати чітке уявлення про загальні цілі, не менш важливе точне розуміння деталей. Інакше кажучи, недостатньо прагнути оцифрувати певну колекцію: ви також повинні мати можливість кількісно оцінити обсяг завдання.
- Проведіть **дослідження**. Намагайтеся дізнатися якомога більше про колекцію, яку ви хочете оцифрувати, а також про місцеві умови, в яких ви будете працювати. Хоча, без сумніву, будуть невідомі фактори і невирішені деталі, чим краще ви будете поінформовані, тим більша ймовірність, що ваш підхід буде відповідним щодо завдання.
- Побудуйте **партнерські стосунки** в країні перебування. Наявність місцевих зв'язків буде неоціненною протягом усього проєкту, забезпечуючи, серед іншого, джерело знань, канал для комунікації та негайну допомогу при виникненні практичних проблем. Зацікавленість місцевих жителів у тому, що ви робите, також зробить вашу роботу приємнішою и кориснішою.
- Керуйте власними **очікуваннями та очікуваннями** інших. Будьте реалістичними щодо того, чого, на вашу думку, ви можете досягти в межах обсягу та бюджету вашого проєкту. Насамперед, це необхідно для того, щоб переконати грантодавців, що ваш проєкт є життєздатним: занадто амбітні або недостатньо прораховані

заявки можуть бути сприйняті як наївні і, швидше за все, будуть відхилені. У середньостроковій перспективі саме ви відповідальні за реалізацію проєкту вчасно і в рамках бюджету. Не ставте перед собою стресових, недосяжних завдань. Нарешті, при завершення проєкту важливо, щоб ви виконали те, що обіцяли. Ті, хто вас фінансують, виділили гроші, виходячи з заявленого обсягу робіт, тож очікується, що ви їх виконаєте. Коротше кажучи, не обіцяйте того, чого не можете досягти. Краще запропонувати менше, але зробити більше, ніж навпаки.

- Подумайте також про **результати**. Місцеві партнери можуть мати власні очікування щодо того, що ви будете робити для них. Відповідати цим очікуванням вкрай важливо не лише заради ваших власних професійних стандартів, але і якщо в майбутньому ви будете шукати фінансування або встановлювати довгострокові партнерські стосунки на місцях.

- Існують також специфічні питання, які слід продумати при плануванні **завершення проєкту**. Наприклад, хто матиме доступ до даних? В ідеалі, як ви забезпечите широкий доступ до них і достатній розголос, щоб люди знали про їхнє існування? Яке обладнання може знадобитися для того, щоб доступ був можливим або практичним? Скільки жорстких дисків ви плануєте роздати на місцях і яким установам? Чи потрібна угода для перенесення даних на сервер місцевого органу влади?

- Звертайтеся **за порадами**. Хоча ця книга містить рекомендації, вона не може бути всеосяжною або орієнтованою на конкретний проєкт. Ніщо не замінить розмови з людьми, які реалізовували проєкти подібного масштабу, а також з тими, хто живе або має досвід роботи в тому місці, де ви будете працювати.

- Отримайте **дозвіл**. Це дуже важливо, оскільки всі зусилля будуть марними, якщо не буде отримано дозволу на доступ до матеріалів, їх оцифрування та розповсюдження продукту на місцевому рівні. Переконайтеся, що цей дозвіл офіційно викладений у листі або електронному повідомленні від особи, яка має повноваження надавати його. Переконайтеся, що ця особа повністю розуміє, на що вона погоджується, щоб уникнути ризику відкликання дозволу на пізнішому етапі. (Для подальшого обговорення дозволів та відкритого доступу див. стор. 150).

Гранти програми «Архіви під загрозою зникнення»

Програма «Архіви під загрозою зникнення» пропонує два типи грантів: пілотний проєкт або основний. Перший тип дозволяє провести попереднє дослідження або аудит архівних колекцій на певну тему, в окремому регіоні або в певному форматі. Пілотні проєкти також дають можливість визначити доцільність оцифрування і в багатьох випадках включають випробування методів фотографування або сканування. Вони також дають змогу оцінити технічну компетентність грантера, ймовірність його успіху в повномасштабному проєкті та необхідність залучення до команди зовнішніх спеціалістів.

Деякі архівні колекції досить малі, і їх можна охопити в рамках пілотного проєкту. Основні гранти на загал більші, а проєкти триваліші. Залежно від обставин, деякі з них розпочинаються одразу після пілотного етапу, а інші поновлюються через кілька років.

Рішення про надання грантів як для пілотних, так і для основних проєктів приймаються щорічно і оцінюються Міжнародною консультативною групою. Ця група часто намагається розглядати початкові заявки на пілотні проєкти, перш ніж переходити до основного гранту.

Визначивши фінансову установу, я попросила про підтримку свого радника, щоб він разом зі мною керував проєктами, а також звернулася за порадами до інших людей, які вже реалізовували проєкти з оцифровування. Ознайомившись зі зразками грантових заявок, я змогла скласти реалістичний перелік обладнання […] Написання остаточної грантової заявки не можна робити в останню хвилину або за одну ніч. Важливо почати планувати ці проєкти десь за рік до того, як ви плануєте розпочати оцифрування.

Кортні Кемпбелл, EAP627 та EAP853, Бразилія

У мене не було досвіду оцифрування документів, але я знав острів та його історичні ресурси. Або пройдіть навчання з оцифрування відповідно до архівних стандартів, або від самого початку візьміть в команду досвідчену людину.

Девід Смолл, EAP093 та EAP794, Невіс

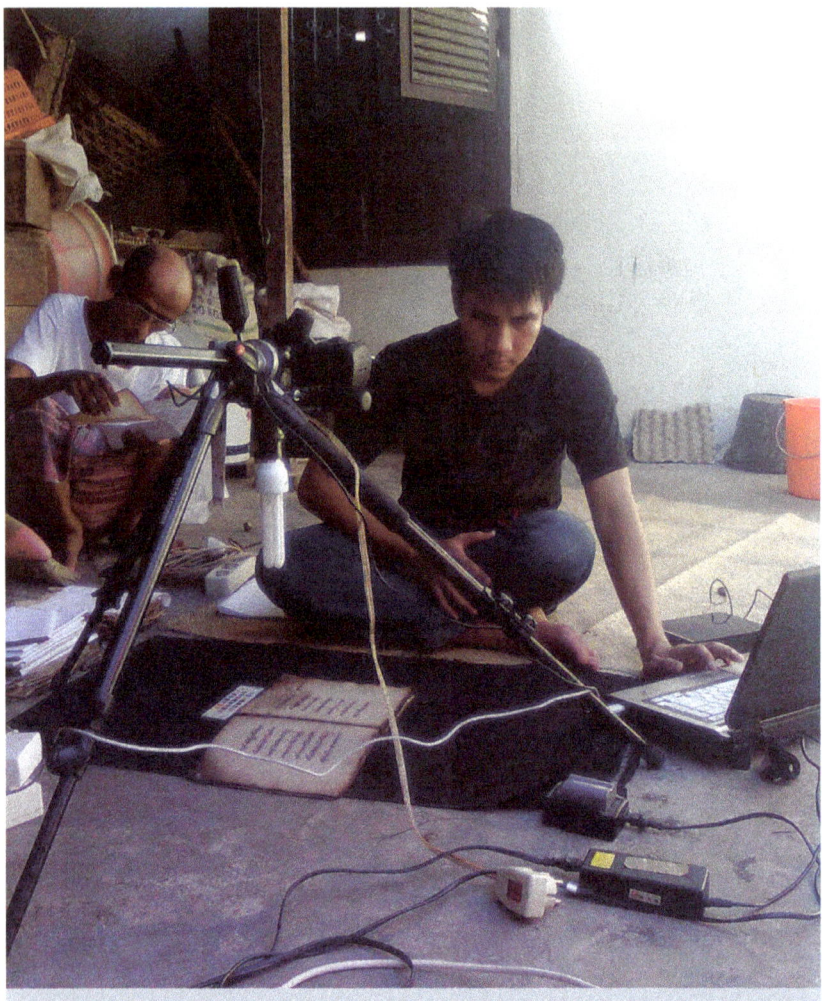

Зображення 4. EAP329, Пересувний проєкт з оцифрування ачехських рукописів у примітивних умовах, Індонезія.
Фото © Fakhriati Thahir, CC BY 4.0.

Я б радив усім, хто має намір реалізувати проєкт EAP, ознайомитися з іншими підсумковими звітами, особливо в тому регіоні світу, де вони працюють, і поспілкуватися з колишніми грантерами. Це заощадило мені багато часу і означало, що успішний процес оцифрування, який спрацював в Ангільї, може бути модифікований для роботи на Монтсерраті.

Найджел Садлер, EAP769, Монтсеррат

1. Планування проєкту

Наші офіційні контактні особи знаходилися в уряді країни, але коли ми підійшли до організації проєкту, спілкування з чиновниками часто відбувалося жахливо повільно. На щастя, ми також контактували з директором товариства зі збереження спадщини, який, коли робота зупинялась, відвідував відповідних чиновників і вмовляв їх вжити заходів!

Ми також зіткнулися з проблемою фотографування великих аркушів книг, які не вміщалися в сканер і не вписувалися в кадр фотоапарата, навіть при найвищому положенні підставки для копіювання (яка була найбільшою з доступних у продажу). Замість цього ми придумали розміщувати тексти на дерев'яній дошці, поставленій паралельно до камери на штативі.

Карма Пхунчо, EAP039, Бутан

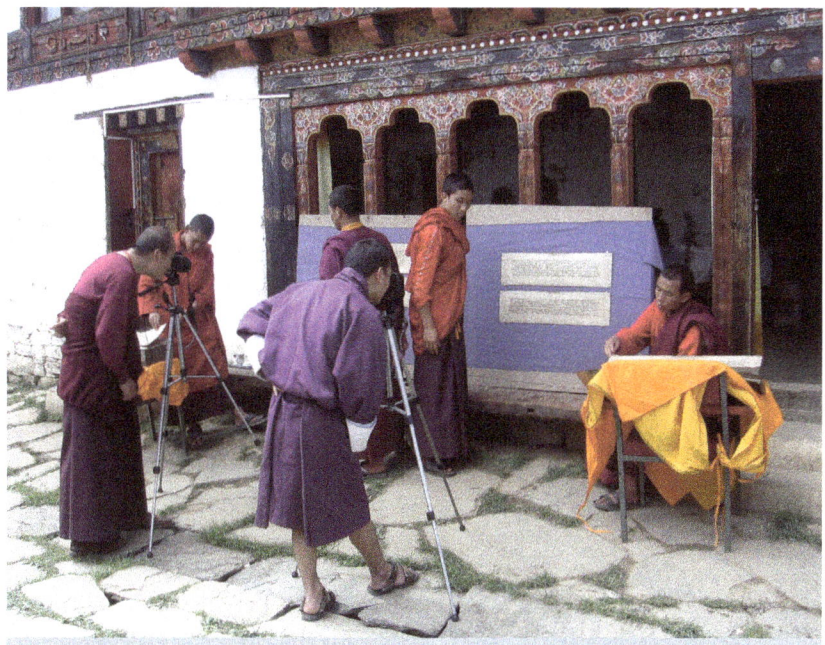

Зображення 5. EAP039, Фотографування буддійських рукописів у Бутані. Ці манускрипти були занадто великими, щоб їх можна було сфотографувати під штативом або підставкою для фотоапарата, тому їх прикріпили до дошки, що дозволило сфотографувати їх з більшої відстані. (N.B. Шпильки для кріплення знаходилися безпосередньо під рукописами і над ними, рукописи не проколювалися). Фото © Karma Phuntsho, CC BY 4.0.

Розрахунок бюджету

Бюджет проєкту можна умовно поділити на дві основні статті: заробітна плата та витрати, не пов'язані із заробітною платою. Перша з них включає платню тих, хто отримує її безпосередньо від проєкту, а також витрати на заміну персоналу, який відряджається для роботи в проєкті. Витрати, не пов'язані з заробітною платою, включають всі інші елементи бюджету, від закупівлі обладнання та витратних матеріалів до витрат на проїзд, проживання, добові, а також такі статті, як вантажні перевезення, страхування персоналу та обладнання.

Технічні характеристики обладнання розглядаються в наступному розділі, тоді як більшість інших витрат, не пов'язаних із заробітною платою, залежать від конкретного проєкту. Тому в цьому розділі ми зосередимося на тому, як можна кількісно оцінити людський внесок в оцифрування. У більшості середніх і великих проєктів, які мають справу зі значними обсягами матеріалів, витрати на персонал будуть переважною частиною бюджету.

Вибір обладнання

Відповідне обладнання для оцифрування обговорюється в цій книзі окремо. Однак кожен проєкт відрізняється від інших, і не існує універсального рішення. Тому, визначаючи обладнання, візьміть до уваги наступне:

- **Тема**. Який засіб оцифрування найкращий для ваших документів? Чи варто купувати камеру, сканер чи комбінацію цих пристроїв?

- **Місцезнаходження**. Де відбуватиметься оцифрування? Чи будете ви працювати в кількох місцях, що вимагатиме від вас компактного, портативного набору обладнання? Або ж ви працюватимете в одному місці, де можна облаштувати базову студію? В останньому випадку ви можете розглянути менш портативні речі, такі як підставка для копіювання та студійні лампи, а також настільні комп'ютери та більший монітор замість ноутбука.

- **Сумісність**. Чи повинні ваші закупівлі інтегруватися з наявним обладнанням або доповнювати його? Наприклад, чи має вже ваш місцевий партнер камери та об'єктиви потрібної марки?

    Прості питання також вимагають з'ясування: наприклад, чи сумісні вилки на ваших електричних дротах з місцевими розетками? Якщо ви працюєте з місцевою владою, можливо, що її IT-відділ обслуговує або підтримує комп'ютери лише певних виробників.

- **Наступність.** Кінцеве використання вашого обладнання також є важливим фактором, якщо воно буде передане місцевій громаді після завершення проєкту. (N.B. Це умова всіх грантів EAP.) Подумайте, що буде найбільш корисним: наприклад, чи буде корисно бібліотеці або архіву мати підставку для копіювання? Так само подумайте, чи не можна просто покласти певні предмети в шафу і ніколи не використовувати їх. Візьмемо той самий приклад: дорогий штатив, хоч і корисний для вашого проєкту, можливо, не підходить для довготривалого публічного використання в читальному залі. Питання сумісності також є актуальним.

Як показано в попередніх пунктах, на вибір обладнання для проєкту з оцифрування впливають тематика, місце розташування та інші фактори. Однак для будь-якого проєкту є речі першої необхідності, а для менш мінімалістичного проєкту - додаткові елементи, які потенційно можуть покращити результат, пришвидшити роботу, або зробити і те, і інше.

> Подумайте про місцеві поїздки та час, який вони займають - чи не забиратиме робочий час дорога від вашого місця проживання до установи? Чи можна користуватися місцевим громадським транспортом, або ж потрібно буде організувати авто та водіїв?
>
> Якщо ваш проєкт пересувний, ретельно плануйте свій маршрут заради продуктивності. Переконайтеся, що вам не доведеться повертатися назад. Також передбачте певну гнучкість у часі та бюджеті на випадок, якщо ваші плани зміняться.

Кількісна оцінка колекції

Час і трудовитрати, необхідні для реалізації проєкту, залежать, переважно, від **розміру колекції** і **швидкості** оцифрування матеріалів такого типу. Чим точніше можна визначити ці фактори, тим більше довіри буде до отриманих в результаті оцінки витрат і часу.

Існують різні способи кількісної оцінки обсягу колекції, залежно від можливостей (якщо вони є) доступу до колекції на етапі планування.1

- **Підрахунок окремих сторінок.** Це дає змогу отримати найточнішу кількісну оцінку, але можливий лише для відносно невеликих колекцій або для груп документів, де сторінки кожного тому пронумеровані. Зрозуміло, що у великій колекції непрактично підраховувати ненумеровані сторінки кожної книги.

- **Вибірковий підрахунок сторінок/кількості томів**. Це скорочена вправа з підрахунку сторінок, в якій кількісно оцінюється вибірка репрезентативного матеріалу, а результат екстраполюється на всю колекцію в цілому (тобто кількість сторінок на «середній» том, помножена на загальну кількість томів).
- **Вибірковий підрахунок сторінок/довжини полиць**. У цьому методі підрахунок сторінок здійснюється для вибірки з колекції – знову ж, репрезентативних прикладів всієї колекції. Також вимірюється ширина кожного тому, що дозволяє підрахувати кількість сторінок на міліметр. Потім вимірюється загальна довжина полиці. Ці дві цифри можна перемножити, щоб оцінити загальну кількість сторінок.

Для двох останніх методів очевидно, що чим більша вибірка, тим вища точність загальної оцінки. Обидва методи дають лише приблизні результати, і, як показано в таблиці[1], застосування цих двох методів до однієї і тієї ж колекції дає різні цифри - в даному випадку вони відрізняються на 5%. Більша цифра має бути використана для розрахунку часових витрат і потреб у зберіганні даних.

Звичайно, якщо у вас дуже мало інформації про колекцію, ваша «оцінка» буде не більше, ніж припущенням. Це цілком зрозумілий сценарій, враховуючи, що ви можете мати справу з колекцією, до якої ще не маєте доступу, або плануєте проєкт, в якому матеріали розкидані по численних місцях - можливо, у кількох приватних осіб. У таких випадках єдиний вихід - це оцінити часові потреби дуже помірковано, або навіть подумати, чи не присвятити перший етап вашого проєкту просто розвідці та кількісній оцінці.

При кількісній оцінці колекції також стає можливим отримати точні цифри щодо обсягу даних, які будуть згенеровані. Це у свою чергу інформуватиме вас про обсяг цифрового сховища, який знадобиться, що знову ж таки впливає на ваш перелік обладнання та бюджетні розрахунки. У таблиці 2 (див. стор. 33) на основі реального прикладу показано обидва ці етапи. У цьому випадку розмір колекції був добре зрозумілий, оскільки пілотний проєкт дозволив порахувати більшість книг посторінково.

---

1 Більш детальне обговорення підготовки колекцій та опитування подають Анна Бюлов та Джесс Ахмон у книзі *«Підготовка колекцій до оцифрування»* (Лондон: Facet Publishing спільно з Національним архівом Великої Британії, 2011 р.).

Таблиця 1. Приклади кількісних оцінок, розрахованих шляхом підрахунку сторінок та довжини полиць. Приклад взято з EAP524 St Helena. Метод вибірки: томи були взяті з усіх полиць. Вибір томів з певної полиці був, по суті, випадковим, хоча, якщо йшлося про різні типи палітурок або стилі книг, ми намагалися зробити репрезентативну вибірку.

Розмір вибірки
Кількість томів з підрахунком сторінок = 104
Загальна кількість томів у колекції = 1007.
Відсоток томів, що підраховані = 10.3%.

Оцінка за кількістю сторінок у томі
Середня кількість сторінок у томі = 305 (на основі 104 томів, що містять загалом 31688 сторінок)
Загальна кількість сторінок = 305 сторінок × 1007 томів = 307 135 сторінок

Оцінка за кількістю сторінок на мм
Середня товщина одного тому = 47 мм (на основі 104 томів, що займають 4847 мм ширини полиці)
Середня кількість сторінок на мм = 6,54 (на основі 31688 сторінок, що займають 4847 мм ширини полиці)
Загальна ширина полиці = 44 800 мм
Загальна кількість сторінок = 44 800 мм полиці x 6,54 сторінок/мм = 292 992 сторінки

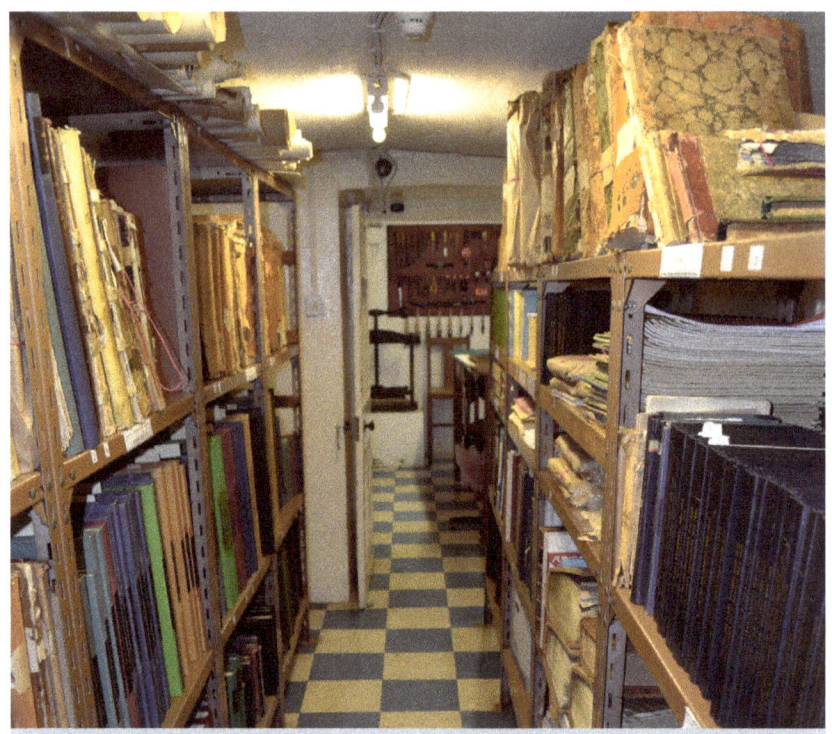

Зображення 6. EAP524, Державний архів острова Святої Єлени, Джеймстаун.
EAP524 зосередився на дослідженні цієї колекції, включно з кількісною оцінкою, що вказано в Таблиці 1. Фото © Andrew Pearson, CC BY 4.0.

> Було б корисно знати заздалегідь, скільки даних ми отримаємо в результаті проєкту. Озираючись назад, ми б заклали до бюджету більше грошей на портативні жорсткі диски, якби усвідомлювали обсяг необхідних даних, а також час, необхідний для перетворення RAW-файлів на TIFF.
>
> *Стівен Морі та Поппі Ґогой, EAP373, Ассам*

> Передбачте достатньо часу для каталогізації колекції [тобто складання списку], оскільки визначення назв і змісту може бути дуже складним і трудомістким, особливо якщо ці матеріали написані мовами, що перебувають під загрозою зникнення.
>
> *Цзянь Сюй, EAP012, EAP081, EAP143, EAP217, EAP460 та EAP550, Китай*

Часові рамки та вимоги до робочої сили

Визначивши обсяг завдання, другий крок - розрахувати швидкість оцифрування. Якщо у вас немає попереднього досвіду оцифрування, зверніться за порадою до інших - в ідеалі до тих, хто працював з подібними матеріалами. Крім того, якщо ви можете дозволити собі розкіш двоетапного проєкту, початковий етап можна використати для випробування обладнання і встановлення реалістичного темпу роботи, використовуючи реальну колекцію.

При проведенні оцінки корисно розбити розрахунок на невеликі кроки. Інакше кажучи, почніть з того, що подумайте, скільки часу знадобиться на підготовку та фотографування однієї сторінки, а потім збільшуйте цей показник, виходячи з цього. Це, швидше за все, буде більш реалістичним, ніж базувати оцінку на загальних і, можливо, досить розпливчастих припущеннях: наприклад, «можна буде оцифровувати один том на день».

Нарешті, перед тим, як прийти до остаточної оцінки часових витрат, подумайте, як теорія зіштовхуватиметься з практикою в реальному світі. Наприклад:

- **Повільний початок**. На початку проєкту, незважаючи на ваш власний ентузіазм, події можуть (і, ймовірно, будуть) розвиватися повільно. Потрібен час, щоб налаштуватися на роботу, зустрітися з відповідними особами, оформити дозволи на доступ і копіювання, а також подолати безліч дрібних перешкод, які неминуче виникають у новій справі. Часто на початковому етапі можна втратити кілька днів або навіть тижнів, особливо якщо ви працюєте в місцині зі складною місцевою бюрократичною системою. Врахуйте цей додатковий час у своєму бюджеті.

- **Непродуктивний час** існуватиме протягом усього проєкту. Пам'ятайте, що чіткий та ефективний робочий процес, який ви передбачаєте на етапі планування, навряд чи здійсниться в реальному світі. Подумайте, наприклад, скільки часу знадобиться на переміщення документів з місця їхнього зберігання до місця оцифрування і назад. Крім того, можливо, вам доведеться переїжджати між точками, щоб оцифрувати документи на місці. Інші важливі дії також потребують часу, наприклад, резервне копіювання даних. Продуктивність також може знизитися через ІТ-проблеми або вихід з ладу обладнання.

- **Розміри та стан документу**. Фізичний розмір і стан документу можуть впливати на час, який знадобиться для його підготовки та оцифрування. Розміщення документів великого формату може бути складнішим, а обов'язково делікатне поводження з пошкодженими або ветхими матеріалами буде повільнішим, ніж з міцними документами в хорошому стані.

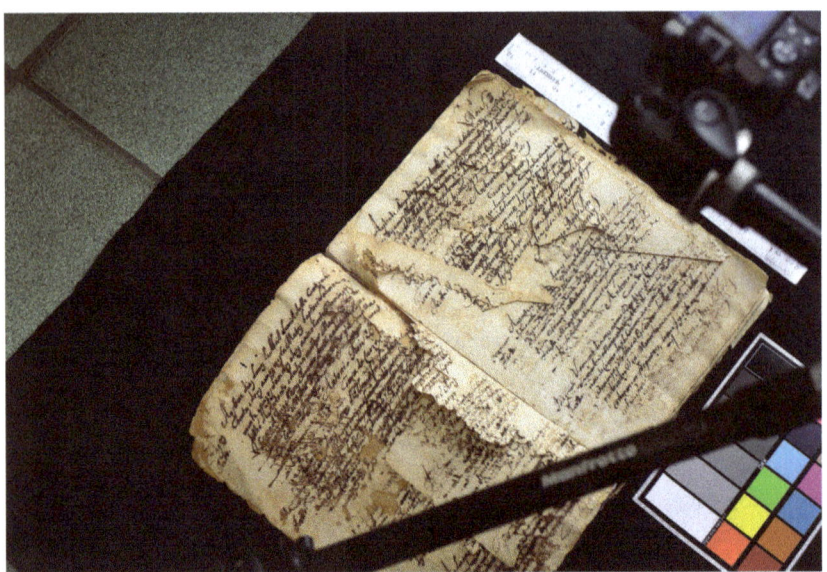

Зображення 7. EAP627, Ветхий рукопис з Параїби, Бразилія.
Подумайте, як фізичний стан ваших документів може вплинути на швидкість оцифрування. Фото © Courtney Campbell, CC BY 4.0.

- **Продуктивність.** Ваш власний темп роботи може не точно відображати темп роботи вашого персоналу. Під час планування проєкту ви, можливо, самі випробували процес оцифрування або просто маєте уявлення про те, як швидко він має відбуватися. Однак будьте обережні. Хоча ви можете підтримувати певний темп протягом декількох днів або тижнів, запитайте ваших співробітників, чи є він їм під силу в довгостроковій перспективі. Крім того, якщо ви реалізуєте проєкт у регіоні з іншими культурними очікуваннями, ви можете виявити, що ставлення до роботи може бути більш розслабленим, ніж ваше власне - можливо, досить відчутно.

- **Чисельність працівників.** Два співробітники можуть бути кращими, ніж один... але не обов'язково такими ж продуктивними. Оцифрування - це точна, вимоглива, але повторювана робота. Один співробітник, який працює ізольовано протягом тривалого періоду, потенційно може розчаруватися і втратити мотивацію. Наявність двох або більше співробітників, як правило, запобігає цій проблемі, а також має ту перевагу, що вони можуть перехресно перевіряти роботу один одного. Можливо, це призведе до створення більш якісного продукту. З іншого боку, двоє співробітників, які працюють пліч-

- **Не варто недооцінювати власний внесок.** Якщо ви керівник проєкту, зважайте, що кількість часу, який вам знадобиться на початку проєкту, оманливо велика, оскільки ваші завдання варіюються від налагоджування місцевих зв'язків до бронювання поїздок і замовлення, тестування та доставки обладнання. Те ж саме стосується завдань наприкінці проєкту, таких як написання звітів та архівування даних. У проміжках між ними підтримка безперервної роботи проєкту часто може забирати набагато більше часу, ніж ви очікували, особливо якщо виникатимуть проблеми, які вимагають від вас їхнього вирішення.

Заключна частина Таблиці 2 показує, як цифри щодо кількості сторінок і темпів роботи дають разом оцінку загальної кількості людино-днів для всього проєкту. Розрахунки дають точну цифру, але, як зазначалося вище, її слід розглядати як нереалістичний мінімум. Тому останні рядки таблиці відрізняються від розрахунків, пропонуючи більш суб'єктивну, але, зрештою, більш реалістичну, «приземлену» цифру. У цьому випадку були вагомі підстави для того, щоб дуже суттєво знизити продуктивність праці. Документи, про які йшлося, зберігалися в іншій будівлі, ніж та, де проводилося оцифрування, що значно збільшило тривалість процесу. Крім того, місцевим працівникам було також доручено експортувати оригінальні зображення у форматі RAW до формату TIFF, а також відповідати за резервне копіювання та каталогізацію даних. З усіх цих причин їхній реальний прогрес неминуче був би набагато повільнішим за теоретичний - у цьому випадку приблизно вдвічі. І хоча це не показано в таблиці, до бюджету було додано додатковий час, оскільки два співробітники працювали з однією камерою: як зазначалося в пунктах вище, це створює хороший робочий клімат, але з точки зору людино-днів він є менш продуктивним в абсолютному вираженні.

Нарешті, налаштуйтеся філософськи! Прийміть, що труднощі та затримки будуть невід'ємною частиною вашого проєкту. Наберіться терпіння, вирішуючи проблеми якомога спокійніше. Намагайтеся контролювати те, що можна контролювати, але не хвилюйтеся через те, на що ви не можете вплинути.

Таблиця 2. Дані вибірки та розрахунок потреб в робочій силі. Оригінальна кількісна оцінка, подана в заявці на грант EAP794 Невіс. У проєкті взяли участь два працівники. Обсяг проєкту був дещо скорочений, оскільки одна група документів була недоступна для оцифрування, і проєкт був виконаний приблизно за 450 людино-днів.

1) Оригінали документів	
Книги реєстрації актів цивільного стану - 52 томи × 566 стор.	29432
Заповіти та нотаріальні акти - 9 томів по 500 сторінок.	4500
Книги реєстрації прав власності на землю - 6 томів × 395 стор.	2370
Плани земельних ділянок, розрізнені, плюс 1 рулон - 50 окремих аркушів	50
Окружний суд, обтяжені маєтки - 2 томи × 700 с.	1400
Різне. Судові записи - 9 томів	3000
Королівський суд та цивільний суд - 42 томи × 317 сторінок.	13314
Історичні книги реєстрації народжень, смертей та шлюбів - 16 томів і 5 коробок	5000
Різні інші томи - 34 томи × 303 стор.	10303
Загалом сторінок, які потрібно сфотографувати (= загалом зображень, які потрібно створити)	**69369**

2) Кількісна оцінка даних	
Кожен файл RAW (оригінальні фотографії)	25 мб
Кожен файл TIFF (формат експорту)	31mb
Загальний розмір RAW файлів= 69369 × 25mb	**1734225 mb**
Загальний розмір файлів TIFF = 69369 × 31mb	**2150439 mb**
Загалом всіх файлів (mb)	**3884664 mb**
Загалом всіх файлів (ТБ)	**3,70 ТБ**

1. Планування проєкту 33

3) Кількісна оцінка часу

Теоретична швидкість:
1 сторінка/хвилина = 60 сторінок/година = 420 сторінок/семигодинний день 69369 зображень (всього)/420 (кількість зображень/день)= 165 людино-днів

Реальна швидкість:
Ймовірно, половина від теоретичної кількості:
330 людино-днів (1 працівник)
Еквівалентно 66 п'ятиденним тижням
або
495 людино-днів (2 працівники, використовують одну камеру – ймовірно, продуктивність на 50% нижча, ніж в однієї людини)
Еквівалентно 49,5 п'ятиденних тижнів на одного працівника

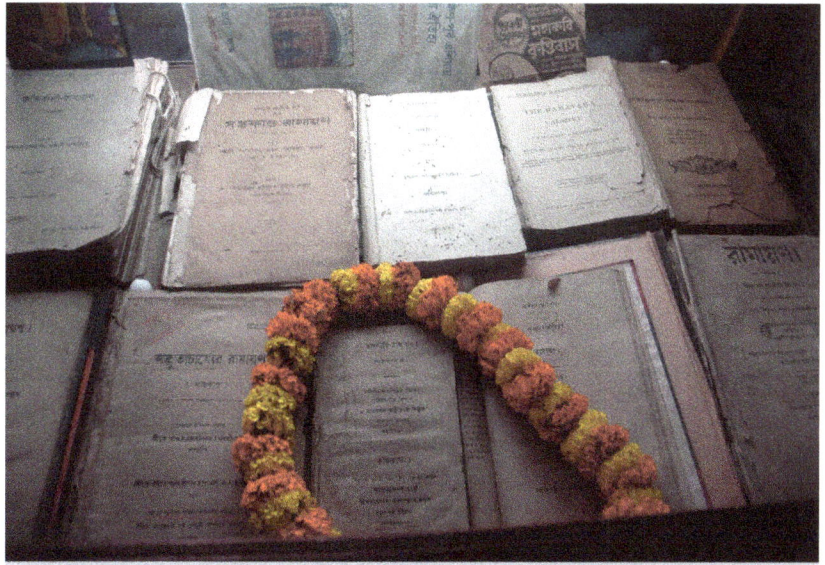

Зображення 8. EAP643, Рукописи, підготовлені до оцифрування, Бенгалія.
Під час цього проєкту релігійні манускрипти потребували благословення перед оцифруванням. Фото © Abhijit Bhattacharya, CC BY 4.0.

Я не усвідомлював, наскільки сильно робоча етика (відвідування, пунктуальність, лояльність до проєкту) буде відрізнятися від тієї, яка була у мене вдома.

У різних частинах світу існують різні уявлення про те, що є правильною поведінкою. Місцеву культуру і ставлення потрібно враховувати в плані проєкту. У моєму випадку ставлення було дуже «розслабленим», а «місцевий час» не точно збігався з календарем чи годинником.

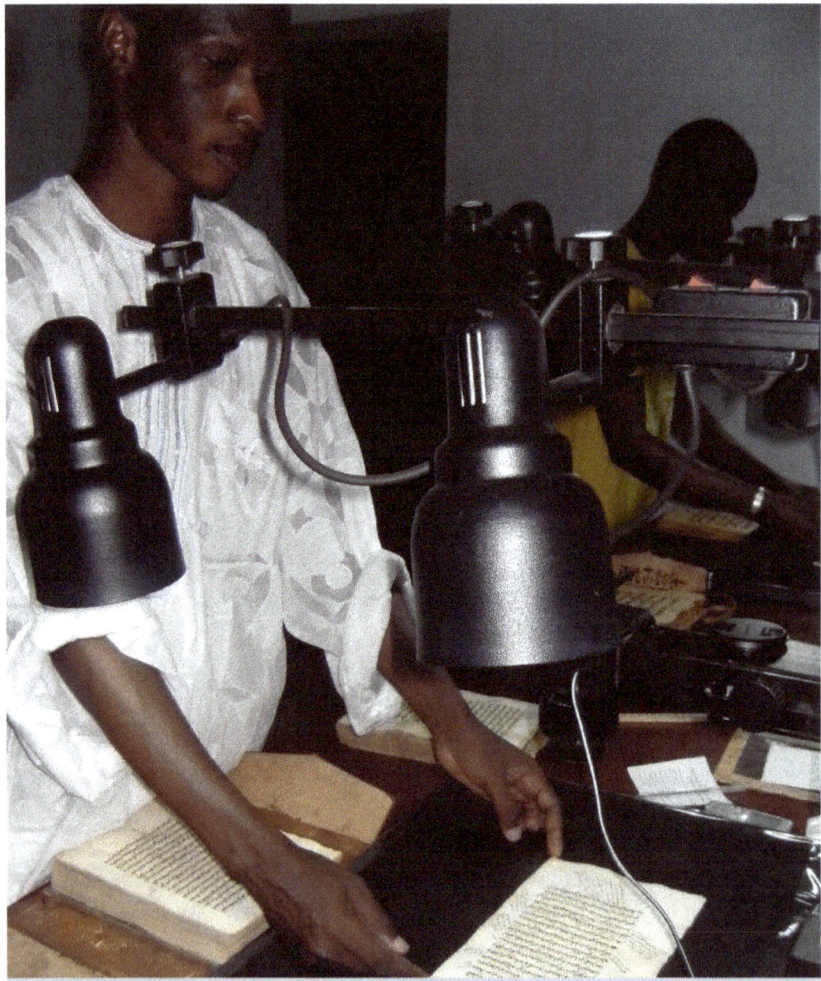

Зображення 9. EAP488, Команда EAP в дії, Малі. Пара місцевих працівників одночасно працюють над оцифруванням рукописів з Дженне та навколишніх сіл. Фото © Sophie Sarin, CC BY 4.0.

Іншим моментом, специфічним для нашої дослідницької сфери, була необхідність якось «віддячити» в обмін на довіру і час, які нам приділяли власники документів. Неможливо було просто «зайти і вийти», але ця додаткова діяльність неминуче забирала багато часу.

Місцеві дослідники встановили дружні стосунки з власниками документів, приїздили на запрошення на їхні особливі сімейні свята (церемонія проколювання вух, ритуал змужніння тощо), коли це було можливо. Ми також організували візит до установи для одного з голів касти, що допомогло встановити відносини поваги та довіри. Ми систематично передавали оцифровані копії документів на DVD разом із фотографіями команди та власника документів.

Зої Хедлі, EAP458, Індія

Умови роботи в архіві були далекі від ідеальних. Архівні матеріали лежать в пилу та загалом в поганих умовах. В архівні приміщення іноді потрапляють гризуни, але головна загроза походить від термітів. На час мого приїзду вони атакували більшість дерев'яних стелажів. Нові металеві стелажі, придбані завдяки фінансуванню EAP, дозволили нам замінити найгірші з дерев'яних стелажів, тоді як інші були відремонтовані теслею у місті. Реставрація стелажів і відновлення доступу до архіву були першочерговими завданнями, необхідними для початку нашої роботи та оцифрування.

Фабріціо Маньяні, EAP764, Малі

Здебільшого ми мали справу з державними установами, і нам доводилося працювати в них. Ці громадські простори мають свої проблеми, всі дуже різні, наприклад, стосовно робочого часу: деякі працюють з 14:00 до 20:00, а інші працюють короткими проміжками кілька разів на день, наприклад, з 9:00 до 10:00 і знову з 17:00 до 19:00 ввечері. Відповідно, команді доводилося підлаштовуватися під усі ці різні графіки, а також під графіки святкових днів.

Абхіджит Бхаттачарія, EAP643, Бенгалія

Значну кількість часу займали переїзди через Фрітаун від готелю до музею і назад, тож робочі дні суттєво скорочувалися. Для перезйомки 2016 року ми перенесли камеру та архівні матеріали до спальні в нашому готелі; це дозволило вирішити проблеми спеки, пилу та вібрації, а також розпочати роботу без двогодинної подорожі через весь Фрітаун!

Тім Проктер, EAP626, Сьєрра-Леоне

Непередбачені фінансові обставини та інші міркування

Нарешті, порахувавши витрати на робочу силу, а також розрахувавши вартість обладнання, необхідно врахувати ризик перевитрат і засоби захисту проєкту від такої можливості. Це досягається за допомогою бюджетного резерву на випадок непередбачених обставин.

До кожного бюджету, незалежно від того, наскільки ви впевнені в його точності, треба закладати непередбачувані витрати. Це необхідно з таких причин, як-то

- **Інфляція цін**. Вартість закладених у бюджет статей може змінитися, чи то йдеться про обладнання, чи про вартість перельоту або проживання.

- **Додаткові покупки**. Незважаючи на ретельне планування, не всі витрати можна передбачити. Завжди будуть якісь покупки, про які ми не подумали.

- **Коливання валютних курсів**. Для закордонних проєктів, коли грант виплачується в одній валюті, а витрачається в іншій, зміна обмінного курсу може призвести до збільшення витрат на місці та заробітної плати персоналу. Нестабільність валютних ринків на момент написання цього звіту підтверджує цей ризик.

- **Управління ризиками**. Може знадобитися заміна зламаного, загубленого або вкраденого обладнання, повторення невдалих польових зйомок, а також можуть статися малоймовірні або зовсім неочікувані витрати (наприклад, ремонт пошкодженого орендованого автомобіля). Важливо, щоб проєкт був у розумних межах застрахованим від таких непередбачуваних ситуацій.

У деяких випадках непередбачені витрати проєкту можуть бути дозволені як одноразова сума під окремою статтею бюджету. Однак це відносно рідкісний випадок, оскільки організації, що надають гранти, зазвичай не бажають виділяти гроші на непередбачені витрати або на сценарії «а що, якщо». Більш поширеною (хоча і менш прозорою) є ситуація, коли непередбачені витрати включено до загального бюджету проєкту. Цього можна досягти за допомогою одного з наступних способів або їхнього поєднання:

- Порахуйте точно поточні витрати за статтями бюджету, але не використовуйте для складання бюджету найнижчі можливі цифри. Пам'ятайте, що фактичні витрати на момент покупки, яка може відбутися через шість-дванадцять місяців, можуть бути вищими.

> Випадкове падіння може знищити обладнання, особливо ноутбуки та зовнішні жорсткі диски [...] Візьміть на одну камеру та на один ноутбук більше, ніж ви думаєте, що вам знадобиться.
>
> *Майкл Герверс, EAP 254, EAP340, EAP526, EAP704, Ефіопія*

> Відбулася зміна уряду після раптової смерті президента [...] Потім сталася девальвація валюти на 49%, і ціни на всі товари зросли понад наш затверджений бюджет. Виник дефіцит пального, яке якщо і було доступне, то лише на чорному ринку, і коштувало вдвічі дорожче за рекомендовану ціну на заправках.
>
> *Джоел Тауло, EAP797, Малаві*

> На момент подання детального пілотного проєкту обмінний курс становив 1 фунт стерлінгів за 700, але на момент переказу коштів місцева валюта зміцнилася і обмінювалася на рівні 645 за фунт стерлінгів. Однак ціни на товари залишилися незмінними, а це означає, що ми витратили більше, ніж було заплановано в бюджеті.
>
> *Гастінгс Зідана, EAP714, Малаві*

> В середині проєкту відбулося значне падіння курсу фунта по відношенню до долара США та інших місцевих валют, з якими мені доводилося мати справу. Це суттєво зменшило реальну вартість нашого гранту на кілька тисяч фунтів. На щастя, економія, досягнута в інших частинах проєкту, в поєднанні з резервом на випадок непередбачених обставин, дозволила нам здійснити проєкт в рамках початкового бюджету.
>
> *Ендрю Пірсон, EAP794, Невіс*

- Вкажіть консервативну (тобто найгіршу) вартість тих статей бюджету, щодо яких ви найменш впевнені, або тих, які можуть призвести до перевитрат, якщо ваш кошторис буде занадто заниженим.

Загальний розмір непередбачених витрат необхідно визначати для кожного окремого проєкту. Основою цього є знову розуміння фінансових ризиків. Наскільки ви впевнені у своїх оцінках витрат? Наскільки ви самі будете контролювати хід проєкту, або ж багато чого буде залежати від інших людей чи від примхливих місцевих обставин? З будь-якої причини, яка ймовірність того, що справи підуть не так, як ви планували, зі значними фінансовими наслідками? У всіх випадках бажано мати мінімум 10–15% від загального бюджету.

10% утримання

10% грантів ЕАР утримуються до їхнього успішного завершення. Це означає, що якщо ви витратите більше, ніж передбачено грантом, ви тимчасово залишитеся без грошей. Тому треба подумати про те, як покрити цей тимчасовий дефіцит.

Податок на імпорт/митні збори

При ввезенні обладнання в країну, де воно згодом залишиться, його, зазвичай, потрібно декларувати і сплачувати податок на імпорт. Цю суму необхідно або врахувати у своєму бюджеті, або уникнути її сплати, отримавши митну пільгу.

2. Обладнання та навички для оцифрування в польових умовах

Патрік Сазерленд

У цьому розділі описано технічне обладнання та основні навички, необхідні для копіювання документальних матеріалів у польових умовах. Основна увага приділяється оцифровуванню за допомогою фотоапаратів, тоді як про сканери йтиметься наприкінці розділу. Розпочинається розділ з першого знайомства з цифровою камерою, окреслюючи ключові технічні аспекти, такі як експозиція, діафрагма, витримка та вибір об'єктива. Потім розглядається інше необхідне обладнання, зокрема підставки для копіювання та штативи, пов'язані з обговоренням освітлення та спалаху - ключових аспектів копіювання документів. Всюди акцент робиться на тому, як успішно копіювати матеріали відповідно до архівних стандартів, оцифровуючи їх для довготривалого збереження, навіть у віддалених, складних і незвичних обставинах.

Камери та сканери

Обираючи обладнання для вашого проєкту, ваш основний вибір буде між цифровою дзеркальною камерою з одним об'єктивом (DSLR) і планшетним сканером для копіювання матеріалів за професійними стандартами. Для дуже специфічних матеріалів можна також розглядати плівковий або проєкційний сканер, але вони виходять за рамки можливостей більшості проєктів EAP і не обговорюються в цій книзі. Як камери, так і сканери мають свої переваги та недоліки. Тому дуже важливо отримати чітке уявлення про природу матеріалу, який ви хочете скопіювати, зокрема його фізичні розміри та характер, а також про середовище, в якому відбуватиметься копіювання, перш ніж робити вибір і купувати обладнання.

Важливість підготовки

Яке б обладнання ви не вирішили придбати, вкрай важливо, щоб ви ознайомилися з налаштуваннями систем копіювання та були повністю обізнані з технологією перед будь-яким виїздом на місцевість. Це стосується як сканера, так і цифрової камери з об'єктивами, а також того, чи використовуєте ви наявне світло, додаткове освітлення або спалах. З фотоапаратом і спалахом цей процес навчання може тривати кілька днів, особливо якщо ви раніше не користувалися сучасною цифровою камерою. Ви також повинні бути повністю обізнані із вашою системою управління даними.

Цифрові камери та сканери - це складні технології, і їхні робочі процеси потрібно вивчити задовго до початку оцифрування. Це особливо актуально для проєктів у віддалених місцях.

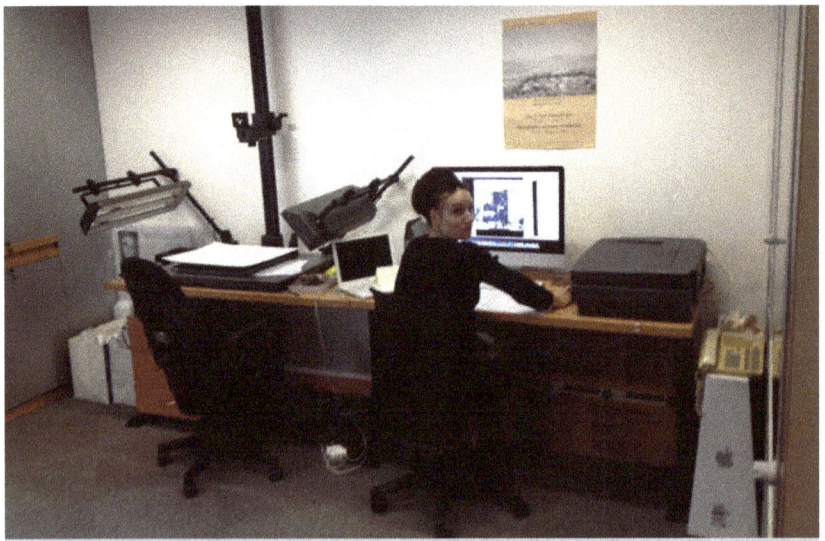

Зображення 10. EAP644, паралельне використання фотоапарата і сканера, Бейрут.
У цьому проєкті для оцифрування фотографій дев'ятнадцятого століття використовувався як фотоапарат з підставкою для копіювання, так і сканер.
Фото © Yasmine Chemali, CC BY 4.0.

Фотоапарат чи сканер?

Переваги сканерів

- Планшетні сканери тримають прості документи повністю плоскими і підсвічують їх зсередини. Таким чином вони дозволяють уникнути проблем з вирівнюванням документів і потенційними спотвореннями, що виникають при використанні ширококутних об'єктивів у фотоапаратах. При правильному використанні сканер створює зображення, які є точними факсимільними копіями оригіналів.

- Сканери можуть зберігати файли безпосередньо у форматі TIFF і можуть бути легко налаштовані на збереження файлів з використанням кінцевих імен EAP-файлів, що зменшує навантаження на пост-продакшн.

Недоліки сканерів

- Сканери мають обмеження щодо максимального розміру документа, який вони можуть скопіювати.

- Сканери, які можуть працювати з документами, більшими за A3 (29,7 × 42,0 см), надзвичайно дорогі, дуже габаритні і не є портативними.

- Сканери доцільно використовувати лише в ситуаціях з надійним електропостачанням.

- Використання сканерів передбачає маніпуляції з документами, а також контакт між сторінкою та сканувальною пластиною. Це не завжди доречно з точки зору збереження, насамперед для матеріалів у палітурці.

Переваги цифрових камер

- Камери набагато швидше, ніж сканери, копіюють велику кількість документів однакового розміру (наприклад, сторінки непереплетеної книги або фотографії стандартного розміру).

- Камери працюють від акумуляторних батарей і не залежать безпосередньо від електрики або підключення до комп'ютера, тому краще підходять для роботи в ситуаціях, коли постачання електроенергії є непередбачуваним. (Однак акумулятори потрібно заряджати, тому доступ до електромережі є необхідним).

Недоліки цифрових камер

- Цифрові камери значно складніші у використанні, ніж більшість сканерів, тому час навчання значно довший.

- Багато камер не записують у форматі TIFF, тому файли потрібно експортувати з RAW у TIFF. Під час цього процесу файли також потрібно перейменувати (див. Розділ 6).

- Камери потрібно ретельно налаштовувати, щоб переконатися, що задня панель камери паралельна поверхні копіювання, щоб документи, які копіюються, були прямокутними і не спотворювалися в процесі копіювання. Це особливо актуально при використанні ширококутних об'єктивів.-]

> ### Яку марку камери купити?
>
> Canon і Nikon - добре відомі бренди фотоапаратів, які за замовчуванням обирають більшість професійних фотографів. Вони пропонують широкий асортимент корпусів, об'єктивів, аксесуарів і систем спалахів, а камери напівпрофесійного класу відрізняються міцністю і надійністю, а тому дуже добре підходять для роботи в польових умовах. Дешевші камери цієї ж лінійки, хоча й здатні створювати чудові зображення, мають менше шансів витримати суворі умови польових робіт. Їхні волого- та пилонепроникні ущільнення менш ефективні, а затвори слугуватимуть не так довго.

Дзеркальна цифрова камера: загальний вступ

Цифрові камери - це пристрої, які фіксують і зберігають зображення в цифровому форматі. Вони передають світло, що проходить через об'єктив, на світлочутливу електронну матрицю, яка фіксує постійне зображення. Існує величезна кількість різних видів цифрових камер. Зараз вони зазвичай вбудовані в телефони, комп'ютери, планшети та багато інших пристроїв. Однак цифрова однооб'єктивна дзеркальна камера (DSLR) є ідеальною для копіювання завдяки рівню контролю над кадруванням, фокусуванням та експозицією, який вона надає.

Програма «Архіви під загрозою зникнення» рекомендує використовувати лише камери DSLR і не рекомендує використовувати інші типи камер.[1] Крім високої якості зображення, конструкція такої камери дозволяє оператору бачити безпосередньо через об'єктив камери, а не через окремий видошукач. (Це справедливо незалежно від того, чи ви дивитеся через видошукач камери, чи використовуєте задній РК-екран). Це означає, що кадрування і фокусування камери є надзвичайно точним, що особливо важливо при копіюванні зблизька. Не менш важливо, що цифрові дзеркальні фотоапарати дозволяють дуже точно контролювати експозицію при використанні наявного світла або спалаху. Вони дозволяють фотографу майже миттєво переглядати зображення, щоб перевірити якість відтворення, фокус та експозицію, а також оцінити розташування об'єктів у кадрі та перевірити наявність будь-яких проблем, таких як віддзеркалення від поверхні. Цифрові дзеркальні фотоапарати також можна налаштувати для зйомки з кабелем, що передбачає підключення цифрової камери до комп'ютера. Як описано нижче, спеціальне програмне забезпечення виводить зображення на екран комп'ютера і може зберігати файли зображень безпосередньо на жорсткий

---

1 Технологія цифрових камер постійно розвивається, і виробники цілком можуть розробити технології бездзеркальних камер, придатних для проєктів оцифрування у віддалених місцях.

диск комп'ютера та/або на карту пам'яті фотоапарата. Нарешті, цифрові дзеркальні фотоапарати мають змінні об'єктиви.

Повнокадрова чи APS камера?

Термін «повний кадр» використовується фотографами як скорочення для позначення формату матриці зображення, який має такий самий розмір, як і 35-мм плівка (36 × 24 мм). Історично 35 мм вважався малим форматом плівки порівняно з середньоформатними та широкоформатними камерами.

Камери з матрицею Advanced Photo System (APS) мають набагато менші матриці (приблизно 22,5 × 15 мм, хоча у різних виробників вони різняться). Це означає, що повнокадрова матриця має в 2,25 рази більшу площу поверхні, ніж датчик APS-C.

Переваги APS-камер

- Дешевша, трохи менша і трохи легша за повнокадрові камери з аналогічною якістю збірки і технічними характеристиками.
- Хороші APS-камери створюють високоякісні файли зображень, цілком прийнятні для EAP-проєктів.

Недоліки APS

- Фокусні відстані всіх об'єктивів реально збільшені в 1,5 - 1,6 рази, тобто стандартний 50-міліметровий об'єктив перетворюється на короткий телеоб'єктив. Це може спричинити проблеми для проєктів, що копіюють великі об'єкти. (Втім, хороший короткофокусний об'єктив 35–40 мм з фіксованою фокусною відстанню може замінити 50-мм макрооб'єктив для більшості випадків копіювання об'єктів розміром більше 12 × 18 см).

Переваги повнокадрових камер

- Вища якість завдяки більшому розміру матриці.
- Без збільшення фокусної відстані об'єктива.

Недоліки повнокадрових камер

- Дорожчі за APS-камери аналогічної якості. Вони також, зазвичай, більші та важчі. Дешевші повнокадрові камери пропонують відмінну якість зображення, але вони менш надійні ніж ті, що коштують дорожче.

Детальніше про рекомендовані камери див. цифровий додаток 4 на https://doi.org/10.11647/OBP.0138.11

Дзеркальні фотоапарати DSLR: принципи та налаштування

Експозиція

Експозиція - це міра кількості світла, яке передається через об'єктив камери на матрицю. Це світло, відбите від поверхонь об'єктів, що потрапляють в кадр камери.

За будь-якого освітлення правильна експозиція досягається шляхом поєднання встановлення діафрагми та витримки при певному ISO. Ці налаштування записуються в метаданих, що додаються до кожного цифрового файлу. Інакше кажучи, значення ISO відображає чутливість камери до світла. Тому, як буде показано нижче, чим більше значення ISO, тим чутливішою є камера. Зміна будь-якої з цих трьох змінних - діафрагми, витримки та ISO - змінює експозицію. (Виняток становить робота зі спалахом, де в багатьох ситуаціях зміна витримки майже не впливає на експозицію).

Діафрагма

Об'єктиви фотоапаратів містять діафрагму - отвір, через який може проходити світло. Діаметр цієї діафрагми можна регулювати так само, як райдужна оболонка ока регулює розмір зіниці. У більшості цифрових дзеркальних фотоапаратів діафрагма регулюється на камері, а не на об'єктиві.

Діафрагма контролює кількість світла, що проходить через об'єктив, впливаючи таким чином на світлочутливість матриці. Параметри діафрагми позначають літерою f та цифрою. Менші діафрагми мають більші числа f (наприклад, f16), тоді як більші діафрагми мають менші числа f (наприклад, f2.8). На старих об'єктивах діафрагма регулювалася кільцем, на якому були вигравірувані числа в такому порядку: f1.4, f2, f2.8, f4, f5.6, f8, f11, f16, f22 (у цьому прикладі максимальна діафрагма цього об'єктива - f1.4, а мінімальна - f22: максимальна і мінімальна діафрагми варіюються між різними типами об'єктивів). Різниця між кожним сусіднім числом діафрагми в цьому списку відома фотографам як «ступінь». «Відкривання» діафрагми на один ступінь, скажімо, з f5.6 до f4, подвоює кількість світла, що проходить через об'єктив. І навпаки, «закриття» діафрагми на один ступінь, наприклад, з f8 до f11, зменшує кількість світла, що проходить через об'єктив, вдвічі. На цифрових дзеркальних фотоапаратах ви можете регулювати діафрагму з кроком у третину ступеню. Через те, як обчислюються числа f, значення діафрагми f8 дасть однакову експозицію з різними об'єктивами за умови, що інші параметри ідентичні.

Діафрагма також впливає на глибину різкості зображення: як описано нижче, менші значення діафрагми (тобто більші числа f) мають більшу глибину різкості. Зазвичай, для копіювання слід використовувати мінімальне значення діафрагми f8, тому значення f11 або f16 також підійдуть. Налаштування за межами цих значень, наприклад, f22, не є настільки різкими для більшості об'єктивів. Мінімальні налаштування дають кращу глибину різкості, ніж використання об'єктива з відкритою діафрагмою, а отже, зображення стає різкішим від кута до кута кадру. Це також дає змогу отримати різкіші зображення об'єктів, які не є повністю пласкими - наприклад, товстої, щільно переплетеної книги, де корінець може бути трохи ближчим до камери, ніж зовнішній край сторінки.

Незалежно від обраної діафрагми, завжди досліджуйте результати зйомки на різкість, збільшуючи зображення на задньому РК-дисплеї або перевіряючи його на екрані комп'ютера. Перевірте різкість зображення по кутах, а також у центрі.

Затвор

Затвор - це шторка перед матрицею камери, яка залишається закритою, поки не буде зроблена фотографія. При спуску затвора він відкривається на певний проміжок часу (витримка), відкриваючи матрицю для світла, що проходить через об'єктив.

Витримка контролює час впливу світла, що проходить через об'єктив, на матрицю фотоапарата. Традиційно витримки встановлювалися зі швидкістю 1 секунда, 1/2 , 1/4 секунди, 1/8 , 1/15 секунди, 1/30 секунди, 1/60 секунди, 1/125 секунди, 1/250 секунди та 1/500 секунди, але сучасні затвори мають набагато більші та менші швидкості. Як і у випадку з діафрагмою, різниця між кожною з цих швидкостей становить один «ступінь». Зміна витримки затвора, скажімо, з 1/30 до 1/60, зменшує час, за який затвор відкрито, і матриця піддається впливу світла вдвічі більше, зменшуючи експозицію вдвічі. Зміна витримки з 1/4 секунди до 1/2 секунди збільшує час, протягом якого затвор відкритий і матриця отримує світло, подвоюючи експозицію. (На цифрових дзеркальних фотоапаратах ви можете регулювати витримку з кроком в одну третину витримки).

Витримка також впливає на різкість зображення. Велика швидкість затвора насамперед важлива для того, щоб зупинити рух і зменшити вплив тремтіння камери. Однак для професійного копіювання нерухомих документів необхідно використовувати підставку для копіювання або штатив. Отже, за умови відсутності інших джерел вібрації (проїзд транспорту, вібрування обладнання в кімнаті або на столі, наприклад, вентилятори), довгі витримки не є проблемою і не повинні впливати на різкість. Як описано нижче, щоб ще зменшити ймовірність вібрацій, ми радимо використовувати дистанційний спуск або спуск затвора через комп'ютер, під'єднаний до камери кабелем.

Налаштування ISO

ISO розшифровується як Міжнародна організація зі стандартизації. У фотографії це означає стандартизовану міру чутливості матриці камери до світла. Разом з налаштуваннями діафрагми та витримки значення ISO відіграє дуже важливу роль в експозиції. За нижчих значень ISO матриця менш чутлива до світла; за вищих значень ISO матриця більш чутлива до світла. Важливо, що чим нижче ISO, тим вища якість зображень, створених на матриці. Вищі значення ISO призводять до збільшення рівня цифрового шуму, який впливає на якість зображення. Цей «шум» прирівнюється до зернистості плівок з високими значеннями ASA (швидкості зйомки) - хоча цифровий шум здається менш естетично прийнятним, ніж зернистість.

Зазвичай, слід використовувати значення ISO 100 або 200. Не використовуйте значення ISO вище 400.

Налаштування експозиції

За будь-яких умов освітлення при певному значенні ISO правильна експозиція досягається *поєднанням* діафрагми та витримки. Це змінює кількість світла, що потрапляє на матрицю: правильне поєднання діафрагми та витримки забезпечує потрапляння достатньої кількості світла на матрицю для досягнення правильної експозиції.

Наприклад, якщо ви копіюєте документи з використанням наявного світла (тобто без спалаху) на ISO 100 і правильна експозиція досягається при витримці 1/60 с при f5.6, то така ж загальна експозиція буде досягнута комбінаціями 1/125 при f4, 1/250 при f2.8 або 1/500 при f2, або ж 1/30 при f8, 1/15 при f11 або 1/8 при f16. У таких ситуаціях витримка і діафрагма мають зворотний зв'язок: якщо ви змінюєте один параметр, вам доведеться змінити інший, щоб зберегти ідентичну експозицію. Якщо ви фотографуєте абсолютно плаский об'єкт, використовуючи підставку для копіювання, щоб об'єкт не рухався, то зображення, отримані при кожному з цих налаштувань, повинні виглядати ідентично.

Режими експозиції

Напівпрофесійні цифрові дзеркальні фотоапарати пропонують цілий ряд режимів експозиції, які зазвичай можна вибрати за допомогою диску у верхній частині камери:

- **Пріоритет діафрагми** (літера A на Nikon, Av на Canon): у цьому автоматичному режимі експозиції фотограф обирає значення ISO і діафрагми, а камера розраховує витримку, необхідну для правильної експозиції.

- **Ручний** (літера М на моделях Nikon і Canon): у ручному режимі експозиції фотограф обирає значення ISO, а також витримку і діафрагму, необхідні для досягнення правильної експозиції.

- **Пріоритет витримки** (літера S на Nikon, Tv на Canon): у цьому автоматичному режимі експозиції фотограф обирає значення ISO і витримку, а камера розраховує діафрагму, необхідну для правильної експозиції.

- **Програмна автоматична зйомка** (літера P на фотоапаратах Nikon і Canon): у цьому автоматичному режимі фотоапарат сам обирає ISO, витримку і діафрагму, необхідні для отримання правильної експозиції.

- Крім того, деякі камери мають інші налаштування експозиції, а також дозволяють налаштовувати власні параметри. Ми не рекомендуємо їх для копіювання, їх слід ігнорувати.

Розвиток технології цифрових камер був зосереджений на підвищенні рівня автоматизації, і автоматичні режими на камерах зараз надзвичайно точні. Більшість камер DSLR можуть працювати, майже як компактні фотоапарати, і дають надзвичайно хороші результати з точки зору фокусування та експозиції. Однак цифрові камери не можуть відповідати дуже специфічним умовам, які необхідні при копіюванні за професійними стандартами. З цієї причини, а також для всіх, окрім найкомпетентніших фотографів, ми рекомендуємо використовувати **експозицію з пріоритетом діафрагми**, тобто спочатку встановити діафрагму та ISO, а потім дозволити камері відпрацювати експозицію відповідно до умов освітлення, незалежно від того, чи наявне світло, чи спалах. Як альтернатива, але лише якщо ви досвідчені та технічно обізнані, ви можете працювати з ручним налаштуванням експозиції, тоді вам слід спочатку встановити діафрагму та ISO, а потім самостійно підібрати експозицію та витримку відповідно до умов освітлення.

Налаштування камери

Налаштування

- Налаштуйте камеру на зйомку у форматі RAW (HE sRAW, mRAW або JPEG).
- Встановіть колірний простір sRGB.
- Встановіть стиль зображення на нейтральний.
- Увімкніть функцію попередження про пересвітлення, щоб вказати на надмірно засвічені ділянки.
- Увімкніть електронну сітку, щоб покращити композицію та вирівняти зображення (або замініть екран фокусування на екран з сіткою).

Використання заднього РК-екрану

РК-екран на задній панелі камери може відображати всю ключову інформацію (вибрану витримку, діафрагму, налаштування ISO, вибір RAW, вибір ручних або автоматичних налаштувань експозиції, стиль зображення, баланс білого, корекцію експозиції, рівень заряду батареї, кількість кадрів, що залишилися тощо). Більшість цієї інформації також можна побачити у видошукачі або на верхньому РК-екрані, але на головному РК-екрані її набагато легше прочитати. Багато з цих ключових налаштувань також можна легко і швидко відрегулювати тут, замість того, щоб звертатися до них через інші меню або диски.

Звикайте перевіряти відображені налаштування перед кожною зйомкою і регулярно повторювати їх, щоб переконатися, що жодне з них не було випадково змінено. Деякі камери дозволяють заблокувати налаштування і таким чином запобігти ненавмисним змінам.

Використання режиму пріоритету діафрагми

Закріпіть камеру на штативі або підставці для копіювання. Переведіть камеру в режим пріоритету діафрагми (A на Nikon, Av на Canon). **Встановіть ISO на 100, а діафрагму на f8 або менше (f11 або f16)**. Ретельно розташуйте матеріал у кадрі, включно з показником кольору. Сфокусуйте об'єктив, за потреби відрегулювавши висоту камери на колоні копіювальної стійки. Зробіть знімок за допомогою дистанційного спуску. Камера автоматично розрахує правильну витримку і застосує її. (Примітка: налаштування відображатимуться у видошукачі фотокамери та/або на задньому РК-екрані). Далі перегляньте результати:

- Перевірте якість відтворення: переконайтеся, що матеріал, який копіюється, знаходиться у фокусі і правильно експонований.

- Перевірте різкість від кута до кута. Якщо зображення загалом у фокусі, але одна сторона виходить з фокусу, перевірте, щоб задня панель камери була паралельна поверхні матеріалу, який копіюється, і щоб матеріал був рівним. Якщо кути розфокусовані, спробуйте знімати з меншою діафрагмою.

- Перевірте, чи немає таких проблем, як віддзеркалення поверхні, і за потреби відрегулюйте освітлення.

- Перевірте рівномірність освітлення по всьому кадру та відсутність падіння світла в кутах і, за необхідності, відрегулюйте освітлення.

- Перевірте, чи немає спотворення кольору,[2] тобто відтінку, спричиненого змішаним освітленням, найбільш помітного на білих ділянках, і за потреби відрегулюйте освітлення.

---

2 Спотворення кольору - це відтінок певного кольору, який зазвичай є небажаним і впливає на фотографічне зображення.

- Перевірте розташування об'єктів у кадрі.
- За потреби перезніміть.

Щоб перевірити якість зображення, в ідеалі слід переглядати його на екрані комп'ютера, але за необхідності використовуйте задній РК-екран камери для перегляду гістограми, а також збільшуйте зображення, щоб перевірити фокус, загальну різкість, експозицію та баланс кольорів.

Режим пріоритету діафрагми дає надзвичайно хороші результати за більшості умов. Однак камера не завжди дає ідеальну експозицію в автоматичних налаштуваннях. Вбудований в камеру світломір припускає, що об'єкт зйомки має бути середнього тону, і в більшості ситуацій це працює добре, але при зйомці об'єктів, які набагато блідіші або темніші за тоном, зображення можуть бути неправильно експоновані.

Неправильну експозицію в режимі пріоритету діафрагми можна легко виправити за допомогою регулятора компенсації експозиції. Змістіть експозицію в бік позначки + , щоб зробити зображення світлішим, і в бік позначки –, щоб зробити зображення темнішим. Налаштування компенсації відображатимуться у видошукачі та на задній РК-панелі. Під час копіювання великої колекції об'єктів схожого тону - наприклад, паперових документів або книжкових сторінок - ви можете виявити, що використовуєте певний рівень компенсації експозиції багаторазово, встановлюючи його як компенсацію за замовчуванням для файлів, які інакше були б неправильно експоновані. Але не забувайте регулярно перевіряти експозицію під час тривалих сеансів копіювання і скидати компенсацію експозиції на нуль, коли закінчите оцифровувати цю групу матеріалів.

Правильна експозиція дає повну деталізацію як тіньових (темніших), так і освітлених (світліших) ділянок зображення. Недостатня експозиція призводить до втрати деталей у тіньових ділянках зображення; переекспозиція призводить до втрати деталей у світлих ділянках зображення.

> Вкрай важливо ретельно перевіряти зображення, причому якомога швидше після того, як ви їх зробили. Необхідність перезйомки викликає роздратування, але набагато краще зробити це одразу - ніж потім шукати книгу в архіві або, що ще гірше, повертатися до віддаленого місця.

Використання ручного режиму експозиції

Закріпіть камеру на штативі або підставці для копіювання. Переведіть камеру в режим ручної експозиції (M на камерах Nikon і Canon). **Встановіть діафрагму f8 або менше, а ISO - 100.** Ретельно розташуйте матеріал у кадрі, включно з таблицею кольору. Сфокусуйте об'єктив, за потреби відрегулювавши висоту камери на колоні копіювальної стійки. Відрегулюйте витримку доти, поки індикатор експозиції у видошукачі фотокамери не опиниться по центру, що вказує на правильну експозицію. Зробіть знімок за допомогою дистанційного спуску. Потім перегляньте результати відповідно до інструкцій щодо пріоритету діафрагми, наведених вище.

N.B. У ручних налаштуваннях ви не зможете використовувати компенсацію експозиції. Натомість експозицію можна легко виправити, змінивши швидкість затвора на меншу, щоб зробити зображення світлішим, і більшу, щоб зробити зображення темнішим.

Що таке глибина різкості?

Коли ви фокусуєте об'єктив на об'єкті перед камерою, ви встановлюєте площину фокусування, яка паралельна задній панелі камери. Все, що знаходиться в цій площині, також буде у фокусі. Відстань між найближчим і найвіддаленішим об'єктами перед або за цією площиною фокусування, які також мають прийнятну різкість, називається глибиною різкості. Глибина різкості збільшується зі зменшенням діафрагми і зменшується зі збільшенням діафрагми. Отже, за інших рівних умов об'єктив має більшу глибину різкості при f11, ніж при f4. Глибина різкості також зменшується, коли ви фокусуєтесь ближче до камери, і збільшується, коли ви фокусуєтесь далі, тобто змінюєте відстань між камерою та об'єктом (об'єктами), що фотографуються.

Найважливіше під час копіювання - тримати об'єкт зйомки максимально плоским, щоб він був у фокусі від кута до кута. Закриття діафрагми трохи збільшить глибину різкості, а отже, допоможе зберегти краї матеріалу у фокусі.

Глибина різкості та зйомка крупним планом

Хороше загальне правило: використовуйте діафрагму f8 або менше.

Якщо ваш матеріал дуже плаский, то f8, ймовірно, буде добре, але якщо матеріал тривимірний, а особливо якщо він ще й маленький, так що ви працюєте дуже близько, то для максимальної глибини різкості і чіткості зображення рекомендується використовувати меншу діафрагму. У таких ситуаціях глибина різкості буде дуже малою. Щоб отримати максимально різке зображення, використовуйте найменшу можливу діафрагму і дуже ретельно фокусуйтеся. Спробуйте зробити кілька експозицій, якщо це необхідно, фокусуючись на різних шарах об'єкта; сфокусуйтеся посередині між найближчою і найвіддаленішою поверхнею об'єкта і виберіть найчіткіший кадр, коли ви зможете ретельно порівняти їх на комп'ютері.

Регулярно перевіряйте різкість зображення на РК-екрані.

Читання гістограм

Цифрові камери дозволяють переглядати експозицію будь-якої фотографії у вигляді гістограми. Гістограма - це візуальне відображення у графічному форматі тонального діапазону зображення. Вона являє собою шкалу від чорного до білого і показує, чи правильно експоновано кадр, чи є він недоекспонованим (занадто темним) або переекспонованим (занадто світлим). Рекомендується регулярно перевіряти гістограми. Ви можете переглянути їх на задньому РК-екрані камери одразу після зйомки зображення.

Крайня ліва частина гістограми представляє чистий чорний колір, а крайня права - чистий білий. Середина гістограми представляє середні тони. Якщо об'єкт складається переважно з середніх тонів - наприклад, середньо-коричневий документ на середньо-сірому тлі - то гістограма має відображатися у вигляді піку посередині шкали. Якщо ж об'єкт складається переважно з темних тонів, то гістограма виглядатиме як пік з лівого боку від шкали. Якщо він складається переважно з блідих тонів, то гістограма відображатиметься як пік праворуч від шкали. Якщо гістограма виходить за межі лівої або правої частини шкали, це означає, що частина цифрової інформації втрачена. Якщо зображення недоекспоноване, то гістограма буде виходити за лівий край шкали, що вказує на втрату деталей у тіньових ділянках, темних тонах. Якщо зображення переекспоноване, то гістограма буде виходити за правий край шкали, вказуючи на втрату деталей у світлих ділянках, тобто блідіших тонах. Ця інформація з гістограми відображатиме якість зображення, що бачимо на РК-екрані (або на екрані комп'ютера). В ідеалі експозиція повинна бути встановлена таким чином, щоб гістограма не виходила за межі шкали. Кожна гістограма буде виглядати по-різному, оскільки деякі об'єкти набагато світліші за тоном, а інші набагато темніші, і тому правильна експозиція відображатиме цю різницю. Висота гістограми в будь-якій точці шкали вказує на кількість даних саме цього тону в зображенні. **Середньостатистичної гістограми не існує.**

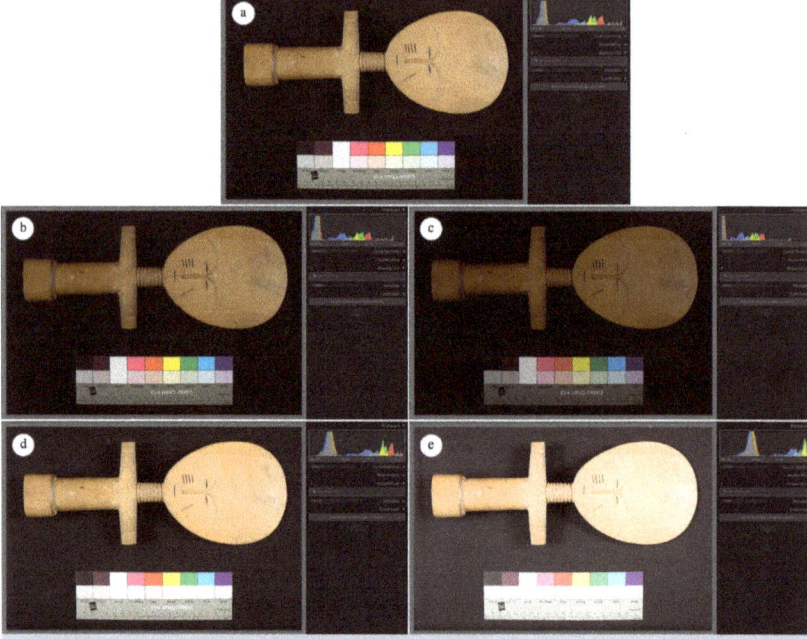

Зображення 11. Приклади гістограм.
(a) Правильна експозиція з відцентрованою гістограмою. (b) Незначне недоекспонування з нецентрованою гістограмою, зміщеною ліворуч. (c) Недоекспозиція з обрізанням гістограми зліва та втратою деталей тіней. (d) Незначна переекспозиція з нецентрованою гістограмою, зміщеною праворуч. (e) Переекспозиція з обрізанням гістограми праворуч і втратою деталей на світлих ділянках. Фото © Patrick Sutherland, CC BY 4.0.

Баланс білого та зйомка в умовах змішаного освітлення

Джерела світла, такі як сонце рано вранці чи пізно ввечері, небо в похмурий день, флуоресцентні лампи чи побутові вольфрамові лампи, випромінюють світло певної колірної температури, яка відрізняється від «білого» світла. Наш мозок обробляє інформацію, яка надходить до нас через очі, і компенсує зміни колірної температури світла навколо нас. Отже, ми зазвичай бачимо кольори предметів «правильно», незалежно від того, при якому світлі ми на них дивимося. Іншими словами, ми бачимо їх без кольорових відтінків. Але камери мають бути налаштовані так, щоб прибрати відтінки, які можуть виникнути при зйомці за різних умов освітлення.

Цифрові камери мають функцію автоматичного налаштування балансу білого, яка підлаштовує колірну температуру зображення до кольору світла, що падає на матеріал, який копіюється. У більшості випадків налаштування автоматичного балансу білого на камері дає дуже близьке наближення до правильного і природного кольору: тобто так, ніби джерело світла, що освітлює матеріал, є чистим білим світлом. Більш точне балансування кольорів можна виконати пізніше, якщо це необхідно, використовуючи колірну таблицю як орієнтир. Під час зйомки у форматі RAW файли можна легко відкоригувати після зйомки, оскільки RAW-файл є по суті не обробленим. Використовуйте для обробки зображень програмне забезпечення, що постачається разом з фотокамерою, або імпортуйте файли в програму, наприклад, Adobe Lightroom.

Однак цей автоматичний баланс білого (AWB) не працює, якщо джерела світла змішані: наприклад, коли об'єкт зйомки освітлюється як природним денним, так і штучним світлом. При такому змішаному освітленні на зображеннях з'являються відтінки кольорів, які неможливо усунути. Щоб уникнути цієї проблеми, не фотографуйте при змішаному освітленні. Знімайте або при одному виді електричного освітлення, або при денному світлі, але не змішуйте ці два види освітлення. (Якщо ви знімаєте при побутовому освітленні, тримайтеся подалі від вікон; вимкніть побутове освітлення, якщо ви знімаєте при розсіяному денному світлі або зі спалахом). Різні типи освітлення в приміщенні дають різні кольорові джерела світла: не змішуйте флуоресцентне та інші види електричного освітлення. Пофарбована стіна відбиває світло цього кольору і може спричинити спотворення кольору, якщо вона розташована надто близько до пристрою для копіювання: відсуньте камеру подалі або накрийте стіну білим простирадлом.

Якщо ви знімаєте все за певних умов освітлення (наприклад, флуоресцентні лампи) і виявляєте, що файли мають негативний кольоровий відтінок, навіть якщо ви використовуєте налаштування AWB, ви можете змінити налаштування балансу білого на камері вручну на інше. У меню балансу білого камери є список попередньо встановлених налаштувань, або ви можете налаштувати колірну температуру вручну.

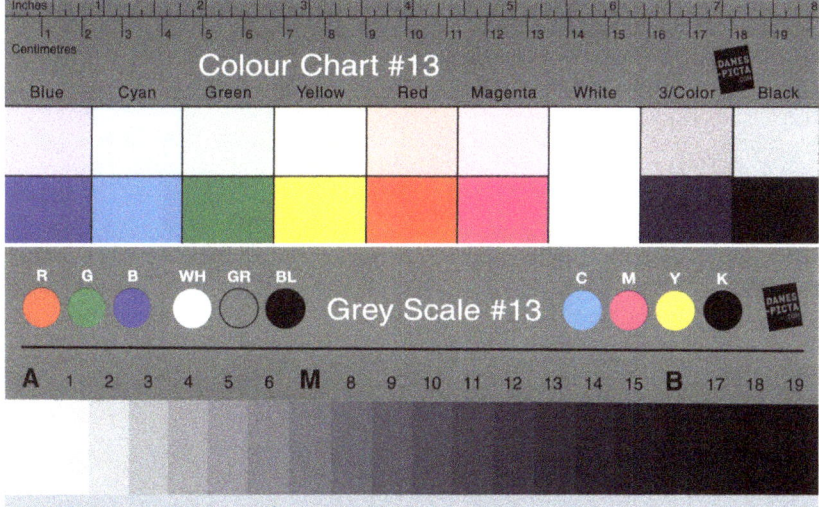

Зображення 12. Шкала сірого та таблиця кольору.
Фото © Patrick Sutherland, CC BY 4.0.

Під час зйомки при денному світлі також слід уникати зйомки під прямими сонячними променями, оскільки таке різке освітлення створює дуже сильні тіні. Замість цього знімайте в тіні або, можливо, всередині білого намету. Біле простирадло перетворить різке сонячне світло на м'яке і розсіяне джерело світла. Рефлектори, що складаються з білих простирадл або аркушів білого картону, можуть вирівняти і пом'якшити різке пряме освітлення.

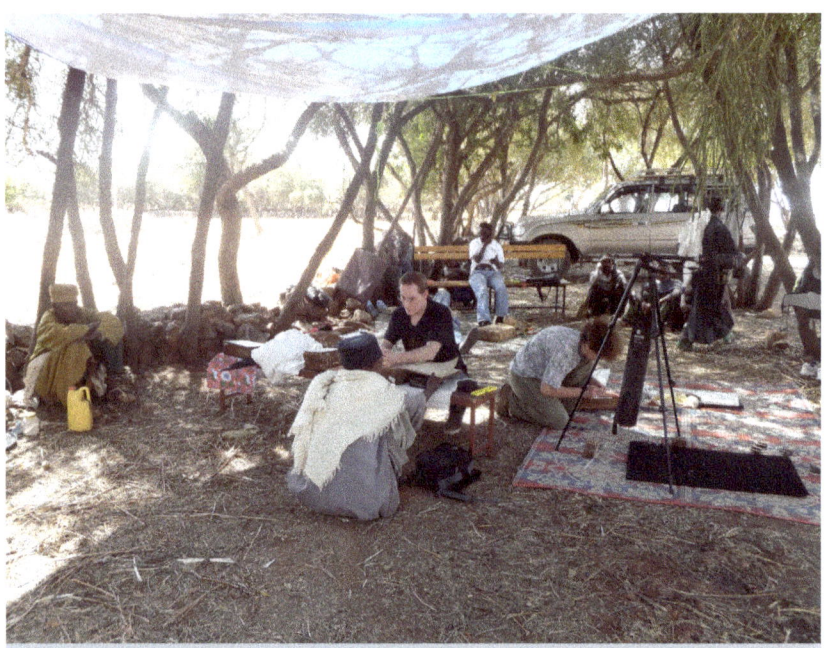

Зображення 13. EAP704 Аббатство Дабра та EAP526 Мей Вейні, Ефіопія. Оцифровка на відкритому повітрі, в наметі, щоб уникнути різких сонячних променів. Фото © Michael Gervers, CC BY 4.0.

Калібрування кольору за допомогою шкали

Окрім збереження документальної інформації, метою оцифрування проєктів EAP є також фіксація самого фізичного артефакту, незалежно від того, чи був він створений з урахуванням естетичних якостей (наприклад, оздоблений сувій або ілюстрований манускрипт), чи був робочим документом, первісне призначення якого було суто утилітарним.

Тому точне відтворення кольору є важливим фактором, і це досягається завдяки додаванню до кожної фотографії підкажчика щодо відтінків сірого та кольороподілу (у цій книжці скорочено - «кольорова шкала»). Ця шкала містить низку кольорових квадратів, градуйованих по всьому колірному спектру, а також градуйовану шкалу сірого, яка охоплює відтінки від світлих до темних тонів. Також присутня шкала вимірювання розмірів.

Наявність шкали на фотографії означає, що оригінальні тональні значення документу можуть бути правильно відтворені.[3] Незалежно від того, в яких умовах освітлення вам довелося працювати, і як ваше фото виглядатиме на світлодіодному екрані фотоапарата або на різних екранах комп'ютера, завжди можна визначити, яким був правильний колір оригінального документа. Програмне забезпечення використовує інформацію, отриману в результаті перевірки, для точного відтворення цих кольорів на належним чином відкаліброваних екранах, в експортованих файлах і роздруківках.

Цифрові формати файлів

Файли RAW, створені цифровими камерами, зберігають нестиснуті дані зображення в тому вигляді, в якому вони були зафіксовані камерою, з мінімально обробленими даними з матриці і з мінімальною втратою інформації. Перед тим, як зберегти їх у форматі TIFF для накопичення або друку, їх потрібно обробити за допомогою програмного забезпечення - RAW-конвертера для редагування зображень. У процесі конвертації RAW-файлів їх можна суттєво відкоригувати: наприклад, змінити баланс білого та експозицію.

Усі бренди фотоапаратів використовують власний формат RAW (файли .NEF для Nikon і .CR2 для Canon). Файли RAW більші за JPEG, але значно менші за файли TIFF, які вони генерують.

Файли TIFF широко використовуються в поліграфії і мають набагато більший розмір, ніж їхні еквіваленти JPEG, оскільки вони не стискаються або стискаються без втрат.

Файли JPEG - це поширений формат фотографічних файлів, які набагато менші за файли, збережені у форматі TIFF, оскільки вони були стиснуті. Внаслідок такого стиснення втрачається інформація, тому вони непридатні для архівних або документальних цілей.

Зйомка у форматі RAW

Цифрові дзеркальні камери дозволяють записувати зображення у форматах RAW та/або JPEG. **Важливо, щоб ви записували у форматі RAW з найбільшим розміром файлу.** (Canon, наприклад, пропонує на вибір формати RAW, MRAW і SRAW: останні два є обробленими і стисненими версіями, і їх слід уникати).

---

3   У цій книжці ми називаємо її кольоровою шкалою; її також можна назвати картою кольороподілу або картою калібрування кольору.

> ## Правила
> - Завжди знімайте у форматі RAW з максимальним розміром. НЕ знімайте лише у форматі JPEG.
> - Встановіть камеру в режим Авто або Ручний.
> - ISO 100–200 є ідеальним. Не перевищуйте ISO 400.

Вибір об'єктива

Копіювання - дуже специфічний вид фотографії. Важливо вибрати відповідні об'єктиви, щоб вони відповідали масштабу і характеру матеріалу, який копіюється. Ідеальним об'єктивом для більшості випадків копіювання є «стандартний» об'єктив з фокусною відстанню близько 50 мм (37 мм на APS-камерах). Такі об'єктиви Nikon і Canon досить маленькі, дуже прості, часто недорогі і дуже різкі. Вони також передають перспективу дуже природним і нейтральним чином.

Стандартний 50-міліметровий об'єктив (не макрооб'єктив 50 мм) на повнокадровій дзеркальній камері зазвичай фокусується на відстані близько 50 см і покриває площу приблизно 18 × 27 см. Деякі стандартні об'єктиви фокусуються ще ближче. Усі стандартні об'єктиви можна використовувати для звичайного копіювання, але деякі з них, на відміну від справжніх макрооб'єктивів, помітно спотворюють зображення на дуже малих робочих відстанях.

Якщо ви регулярно маєте справу з матеріалом, меншим за цей розмір, вам знадобиться макрооб'єктив. Ці об'єктиви оптично призначені для зйомки крупним планом, а механічно - для фокусування від нескінченності до половини реального розміру або навіть ближче. Вони також мають дуже хорошу різкість. Важливо пам'ятати, що експозиція змінюється, коли ви фокусуєтесь дуже близько, тому регулярно перевіряйте результати. Якщо ви копіюєте багато дуже дрібного матеріалу, то довший за звичайний макрооб'єктив (наприклад, 100 мм) дозволить вам фотографувати дуже близько, але зберігати більшу відстань між кінцем об'єктива і об'єктом зйомки, що спричинить менше проблем з падінням тіней на об'єкт зйомки.

Основне правило копіювання: якщо навколо об'єкта забагато простору, наблизьте камеру (а не збільшуйте масштаб зумом); якщо вам потрібно більше простору навколо об'єкта, віддаліть камеру, а не «від'їжджайте» зумом. Якщо у вашій камері зум-об'єктив, то найперше бажання завжди збільшувати або зменшувати масштаб зумом, а не пересувати камеру. Очевидно, що це швидше, ніж пересувати камеру, але дуже легко помилитися, фотографуючи великі документи з дуже широким кутом огляду. Щоб уникнути цієї тенденції та налагодити ефективний робочий процес, ви можете впорядкувати матеріал, який копіюється, за розміром, фотографуючи об'єкти однакового розміру пакетами, щоб рідше переміщати камеру. Ширококутні об'єктиви або широкоформатні налаштування на зум-об'єктиві слід використовувати для копіювання лише тоді, коли немає альтернативи, оскільки вони з більшою ймовірністю вносять спотворення в зображення. Особливо це стосується дешевих зум-об'єктивів.

Однак бувають ситуації, коли використання ширококутного об'єктива або зуму в ширококутному режимі є неминучим. За таких обставин необхідно особливо уважно стежити за тим, щоб задня панель камери була паралельною до поверхні, що копіюється, інакше зображення матиме явні спотворення.

Спробуйте використовувати зум на стандартних налаштуваннях об'єктива (приблизно 50 мм на повнокадровій дзеркальній камері, приблизно 37 мм на APS-камері) і рухайте камеру вгору і вниз, щоб кадрувати і перекадрувати: намагайтеся уникати використання функції зуму і особливо намагайтеся уникати використання налаштувань ширше за 35 мм (24 мм на APS-камері).

Якщо ви купуєте об'єктив зі змінною фокусною відстанню, переконайтеся, що він не зміщує фокус і не змінює фокусну відстань, наближуючи зображення, коли його тримають спрямованим вниз. Деякі об'єктиви роблять це, навіть коли вони зовсім нові, і це дратує під час копіювання. Об'єктиви з внутрішнім механізмом фокусування менш схильні до такого явища, як «повзучість об'єктива», хоча механізм фокусування об'єктивів, якими немало користувалися, стає слабшим і більш схильним до цього руху. (Якщо фокус або фокусна відстань все ж зміщується, вам доведеться заклеїти тубус об'єктива, щоб запобігти цьому).

За можливості використовуйте об'єктиви, виготовлені виробником вашої камери. Вони призначені для безперебійної роботи. Втім, деякі незалежні виробники, такі як Sigma, виготовляють дуже якісні об'єктиви, які повністю сумісні з усіма функціями цифрових камер Nikon або Canon.

Фокусування в умовах низької освітленості/ручне фокусування

Якщо ви працюєте в умовах низької освітленості, і камері важко точно сфокусуватися, переведіть об'єктив у режим ручного фокусування. Покладіть аркуш паперу з чіткою графічною інформацією (наприклад, газетний заголовок) на рівну поверхню і використовуйте його для фіксації фокусу.

Кадрування та вирівнювання зображень

Багато дзеркальних камер мають електронні сітки кадрування, які можна активувати в одному з цифрових меню. Деякі камери мають змінні фокусувальні екрани, які досягають тієї ж мети. Ці прості прямолінійні сітки з'являються у видошукачі та/або на РК-екрані камери і допомагають спростити процес кадрування зображень. Для того, щоб зображення було ідеально вирівняне, камера повинна бути спрямована під кутом 90 градусів до зони копіювання, а задня частина камери повинна бути паралельна поверхні копіювання. Поверхня для копіювання і задня частина камери не обов'язково повинні бути ідеально горизонтальними, але вони повинні бути ідеально паралельними одна одній. За допомогою недорогого цифрового рівня можна просто вирівняти задню частину камери щодо поверхні копіювання.

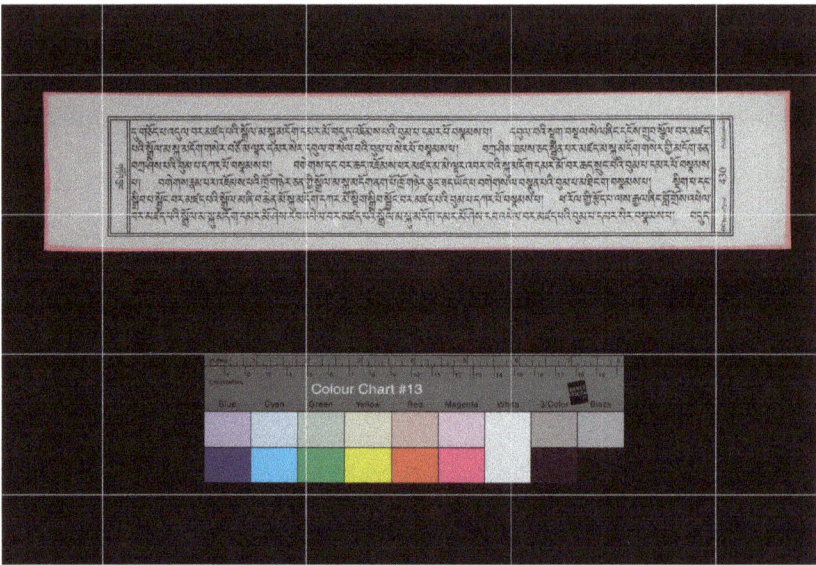

Малюнок 14. Електронні сітки допомагають вирівняти об'єкти під час копіювання. Фото © Patrick Sutherland, CC BY 4.0.

Штативи, підставки для копіювання та пульти дистанційного керування

Під час фотографування архівних матеріалів важливо використовувати штатив або підставку для копіювання. Штативи та підставки для копіювання утримують камеру нерухомо і, за умови, що вони не зазнають руху або вібрації, мінімізують тремтіння камери. Такі опори допомагають отримати дуже чіткі зображення навіть при низькому рівні освітленості, коли використовуються довгі витримки затвора і тремтіння камери є найбільш вірогідним. Але не менш важливо, що ці опори дозволяють фотографу точно контролювати кадрування матеріалу, що копіюється, і фіксувати фокусування в умовах низької освітленості.

Пульти дистанційного керування

Якщо камера встановлена на штативі або підставці для копіювання, нею можна керувати у звичайному режимі, коли користувач вручну обирає всі налаштування на самій камері за допомогою фізичних дисків та екранних меню. Власне фотографію можна зробити, просто натиснувши кнопку спуску затвора. Однак, хоча це цілком прийнятний підхід у звичайній фотографії, він має недоліки при оцифровуванні. По-перше, важко натиснути кнопку спуску затвора на камері без певного елементу «тремтіння камери», особливо при використанні довгих витримок затвора. По-друге, щоб вручну керувати камерою, ви, очевидно, маєте стояти поруч з нею. Це не завжди практично, якщо камера встановлена високо на підставці для копіювання або штативі. Крім того, якщо ви працюєте самостійно, вам також можуть знадобитися руки, щоб притримувати або вирівнювати рукопис! Використання пульта дистанційного керування/дистанційного спуску затвора допоможе уникнути тремтіння камери. Це також може прискорити процес копіювання. Використання копіювальної установки з жорстко встановленою камерою і пультом дистанційного керування дозволяє швидко копіювати серію однакових за розміром об'єктів (наприклад, непереплетених книжкових сторінок). Ці аксесуари дають змогу спускати затвор камери, не торкаючись її. Вони бувають двох типів. Бездротові пульти дистанційного керування, такі як Nikon ML-L3 або Canon RC-6, працюють за допомогою бездротового або інфрачервоного сигналу і, за умови, що фотоапарат налаштований на прийом цього сигналу, спускають затвор на відстані до 5 метрів. Пульт дистанційного керування має бути спрямований на камеру. Всі такі пристрої потребують батареї.

Інші пульти дистанційного керування, такі як Canon RS-80N3, підключаються кабелем до спеціального порту камери. Вони все одно вимагають, щоб ви знаходилися близько до камери, і треба стежити, щоб кабель був вільним і не потягнув камеру під час експозиції. (N.B. Перевірте, який саме пульт дистанційного керування працює з моделлю фотоапарата, яку ви вирішили придбати). Деякі з цих бездротових пультів працюють без батареї.

Зйомка з комп'ютером

Ще однією альтернативою є використання зйомки, при якій камера запускається з комп'ютера (*tethered shooting*). Це більш досконала форма дистанційного керування. У цьому випадку камера під'єднана до комп'ютера і керується майже повністю з нього. Камера з'єднується кабелем з USB-портом комп'ютера, а керування камерою здійснюється за допомогою програмного забезпечення: Nikon Camera Control Pro потрібно купувати окремо, але чудова утиліта EOS Utility від Canon постачається безкоштовно разом з камерами.

Інше комерційне програмне забезпечення виконує ту саму функцію, зокрема Adobe Lightroom.

Під час зйомки з комп'ютером єдиний раз, коли потрібно торкатися камери - це встановити фізичний диск у режим експозиції (Пріоритет діафрагми або Ручний), а в разі використання зум-об'єктива також встановити вручну фокусну відстань. Всі інші функції виконуються дистанційно, а такі інструменти, як гістограми, також доступні на екрані.

Перевага такої зйомки - дистанційний спуск затвора, і не лише:

- Ви можете записувати зображення на карту пам'яті камери, безпосередньо на жорсткий диск комп'ютера або на обидва носії одночасно. Якщо ви записуєте і на карту пам'яті, і на комп'ютер, ви вже створили другу копію зображень (тобто миттєву резервну копію).

- Якщо ваша камера має функцію Live View, зображення яке ви збирається зробити, буде видно на екрані вашого комп'ютера. Те, що ви бачите, те й отримаєте, а якщо потрібні корективи (наприклад, кадрування), їх можна внести до того, як зробити фотографію.[4]

- Фотографії можна переглядати на комп'ютері одразу після того, як вони зроблені. Вам не потрібно покладатися на маленький екран фотоапарата, який до того ж може бути розташований незручно високо на стійці.

---

4 Якщо ви фотографуєте в режимі Live View *зі спалахом*, на камерах Canon потрібно вимкнути функцію «моделювання експозиції» (exposure simulation), яка ввімкнена за замовчуванням. В іншому випадку, оскільки камера не знає, що ви використовуєте спалах, вона покаже саме те, що ви отримаєте з вашими налаштуваннями діафрагми та експозиції при навколишньому освітленні - а це, ймовірно, буде лише чорний екран. Якщо вимкнути моделювання експозиції, функція Live View посилить навколишнє освітлення, щоб отримати зображення, яке можна використовувати для композиції та фокусування. Якщо ви використовуєте програмне забезпечення Nikon Capture One, на дисплеї Live View є кнопка, яка дає змогу перемикатися між цими двома способами використання Live View.

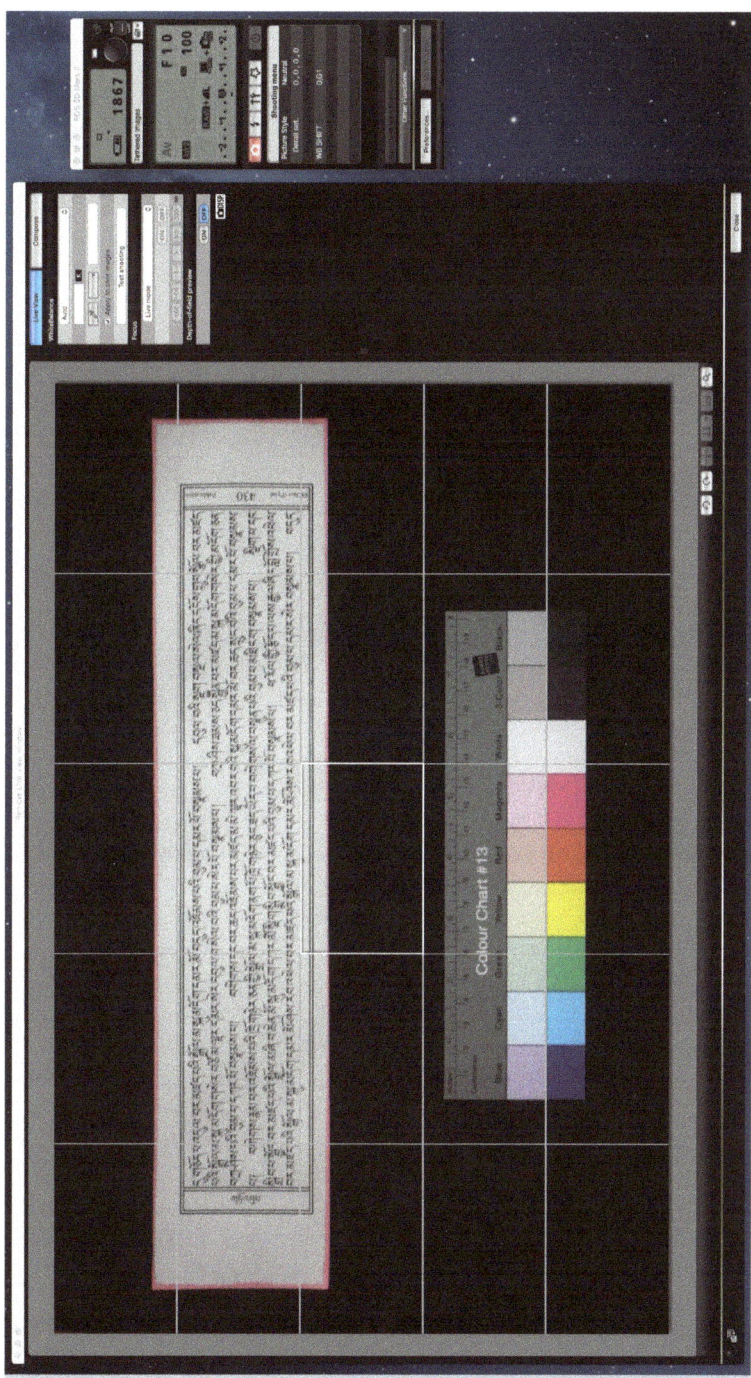

Малюнок 15. Утиліта EOS. Фото © Patrick Sutherland, CC BY 4.0.

Стійки для копіювання

Стійки для копіювання мають значні переваги перед штативами, оскільки вони розроблені спеціально для копіювання. Їх легше встановлювати, вони більш стійкі, і на якісній копіювальній стійці набагато легше встановити камеру точно паралельно підставці, ніж на штативі. Вони складаються з вертикальної колони, прикріпленої до жорсткої основи. Рухомий кронштейн, прикріплений до колони, дозволяє користувачеві розташувати камеру безпосередньо над плінтусом і змінювати висоту камери, щоб врахувати розміри матеріалу, що копіюється. Портативний рівень допоможе перевірити, чи задня частина камери розташована паралельно підставці. **Висота колони визначає максимальний розмір об'єкта, що копіюється**.

З 50-міліметровим макрооб'єктивом на повнокадровій дзеркальній фотокамері копіювальна стійка з 70-сантиметровою колоною дозволить копіювати матеріал від приблизно 5 × 7,5 см до приблизно 28 × 42 см. Жорстка основа робить стійки для копіювання менш портативними, ніж штативи, хоча для транспортування колону можна від'єднати від підставки. Недостатня портативність є меншою проблемою, якщо всі копіювання відбуватимуться в межах однієї установи.

Деякі цифрові дзеркальні фотоапарати мають РК-екрани, що нахиляються. Екрани, що нахиляються, дуже корисні під час копіювання камерою на стійці, коли висота камери часто робить незручним перегляд на фіксованому РК-екрані або через звичайний видошукач.

У копіювально стійки є очевидні обмеження: одна з них - максимальна висота колони, але є також проблема, що при використанні камери високо на довгій колоні (понад 75 см) в кадр може потрапляти основа колони. До певного моменту ви можете позбутися цієї проблеми, збільшивши відстань між камерою та колоною. Деякі моделі мають подовжувачі, які допомагають подолати цю проблему. Kaiser - добре зарекомендований бренд, який постачає модульну лінійку копіювальних стійок: ви можете вибрати висоту колони, розмір підставки та тип освітлювальних приладів. Деякі стійки досить портативні, інші набагато важчі. Для транспортування колони знімаються. Деякі менші стійки для копіювання продаються в портативних наборах, але завжди враховуйте, чи буде колона достатньо високою для ваших потреб.

Зазвичай можливо повернути колону копіювальної стійки на 180 градусів або встановлювати рухомий кронштейн у зворотному положенні. Тоді можна використовувати стійку для фотографування набагато більших об'єктів: поставте копіювальну стійку на край міцного стола, а камеру спрямуйте на низький стіл або на підлогу. У цій ситуації дуже важливо, щоб основа стійки для копіювання була важкою, бо інакше така конструкція буде дуже нестійкою.

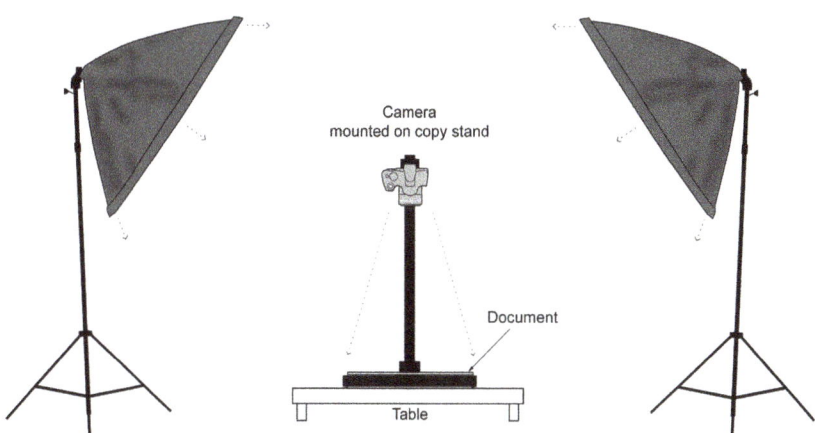

Зображення 16. Стійка для копіювання з кутовим освітленням.
Ілюстрація © Anne Leaver, CC BY 4.0.

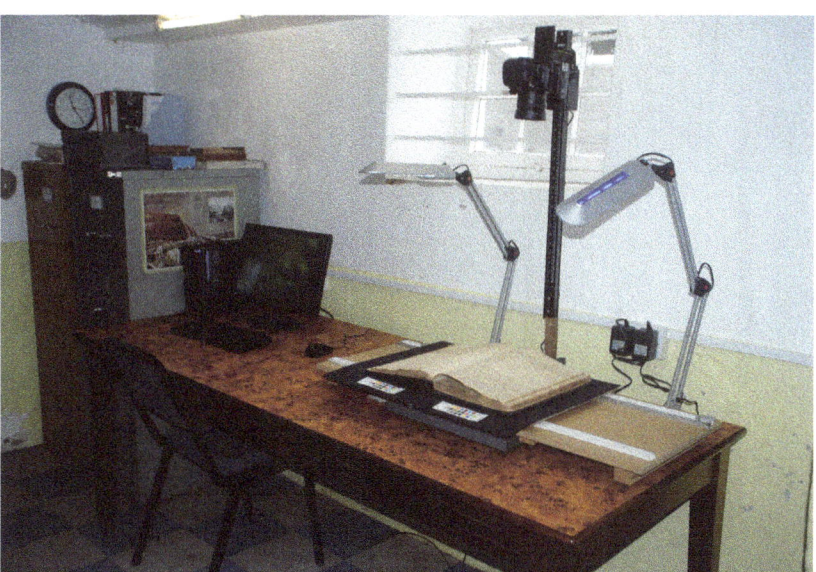

Зображення 17. EAP524, камера та стійка для копіювання в державному архіві острова Святої Єлени. Фото © Andrew Pearson, CC BY 4.0.

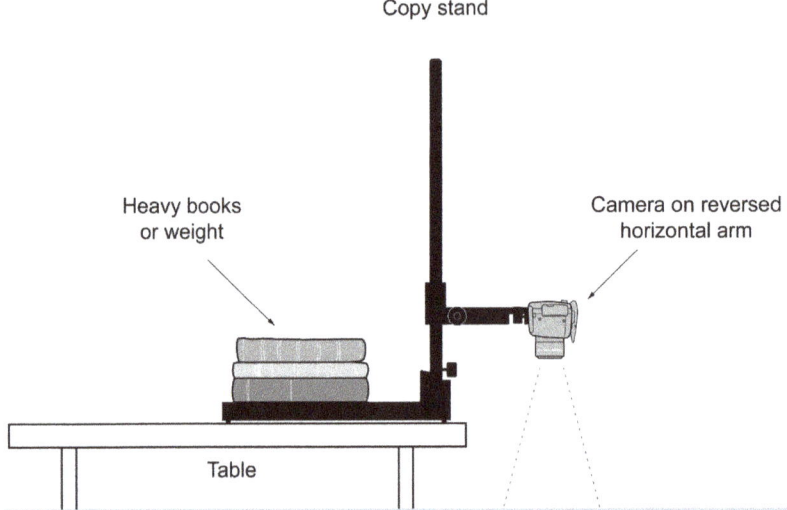

Зображення 18. Схема стійки для копіювання в перевернутому положенні.
Ілюстрація © Anne Leaver, CC BY 4.0.

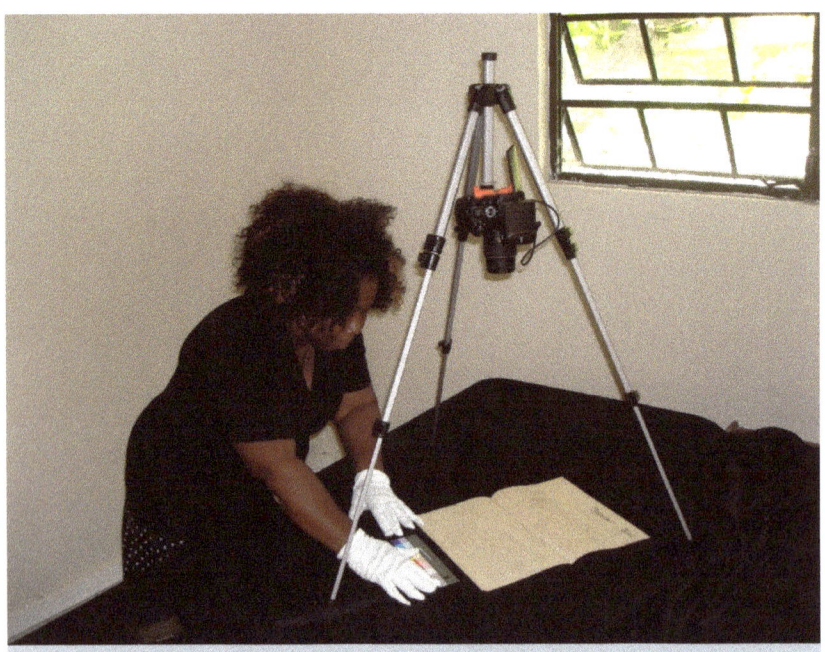

Зображення 19. EAP769, Оцифрування за допомогою штатива з камерою, прикріпленою до перевернутої центральної колони в Монтсеррат.
Фото © Nigel Sadler, CC BY 4.0.

Штативи

Альтернатива стійки для копіювання - штатив. Це може бути кращим варіантом, якщо ви копіюєте в різних ситуаціях і для вас важлива портативність. Однак штативи значно складніше налаштувати так, щоб камера та об'єкт зйомки знаходилися в ідеальному положенні. На ринку представлені сотні штативів. Просте правило: чим важчий штатив, тим стабільнішим він буде, але, звісно, чим важчий, тим менш портативний. Ви можете додати жорсткості легкому штативу, обтяживши його: деякі штативи мають гачок внизу центральної колони, щоб полегшити цю задачу. Переконайтеся, що будь-який прикріплений вантаж не висить вільно, оскільки він може розгойдуватися, наче маятник, і спричинити тремтіння камери. Штативи чудово підходять для копіювання вертикальних або майже вертикальних об'єктів. Вони більш незручні, коли їх використовують як підставку для копіювання з камерою, спрямованою вниз, оскільки камера та об'єкт повинні розміститися між ніжками штатива. Можна перевернути центральну стійку і розташувати камеру ближче до землі, але це також незручно. Деякі штативи дозволяють змінювати кут нахилу ніжок, що полегшує копіювання.

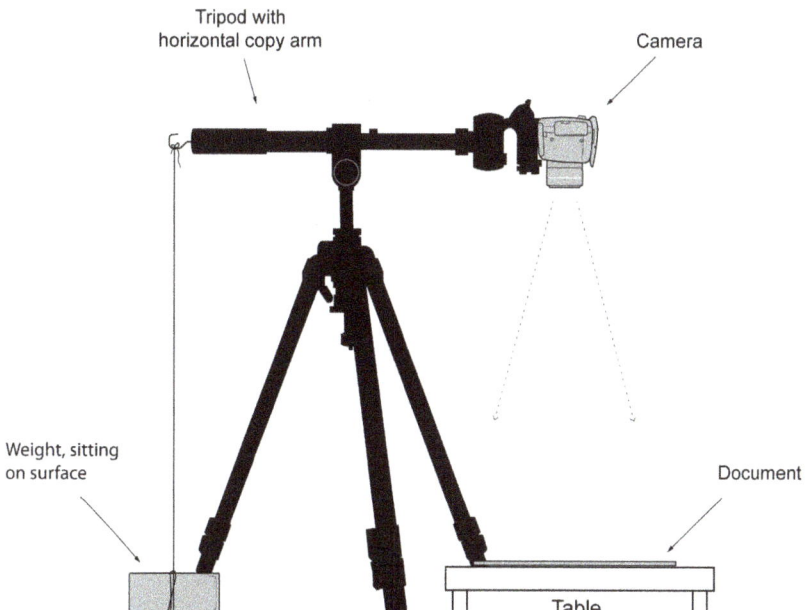

Зображення 20. Штатив з горизонтальним копіювальним важелем.
Ілюстрація © Anne Leaver, CC BY 4.0.

Усі штативи зі зйомною штативною головкою можна обладнати горизонтальним важелем для копіювання (наприклад, виробництва Manfrotto та Gitzo), який розташовує камеру подалі від центру штатива. (Треба буде зняти головку штатива і встановити важіль на центральну колону штатива, а потім знову встановити головку штатива на кінець важеля для копіювання). Важливо пам'ятати, що розміщення камери на горизонтальному важелі зміщує центр ваги і робить всю конструкцію штатива з камерою дуже нестабільною. Щоб уникнути перекидання та пошкодження обладнання, необхідно врівноважити його: намотайте шнур на інший кінець важеля для копіювання і обважнюйте його.

Деякі штативи мають зміщену центральну колону в стандартній комплектації. Їх можна використовувати вертикально, як звичайну центральну колону, або легко переставити в горизонтальне положення. Деякі моделі мають центральну колону, яку можна зняти і розташувати горизонтально. Тим не менш, усіма штативами значно складніше керувати, ніж простою стійкою для копіювання.

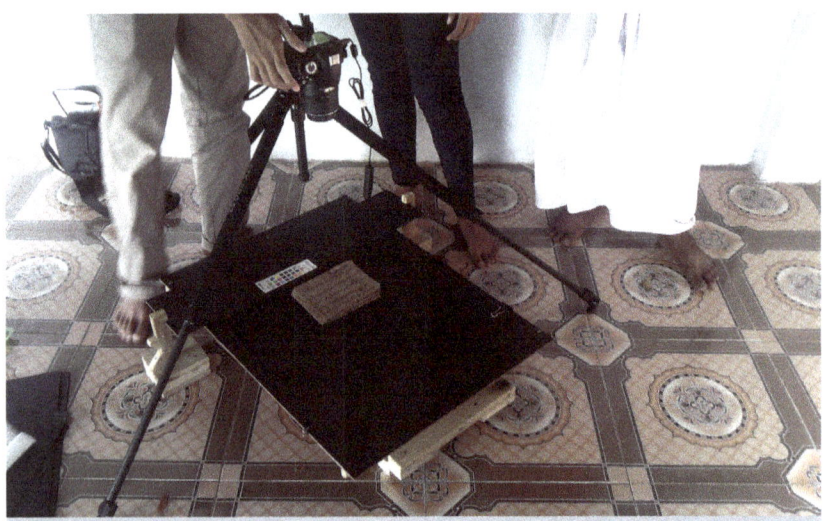

Зображення 21. EAP698, Оцифрування рукописів Чам у В'єтнамі.
Тут використовується штатив і портативна платформа, щоб не оцифровувати рукописи на землі. Фото © Hao Phan, CC BY 4.0.

Стійка для копіювання або штатив?

Переваги стійки для копіювання

- Розроблена спеціально для копіювання.
- Легко налаштувати з правильно відцентрованою камерою.
- Більш стійка і жорстка, ніж штатив.

Недоліки стійок для копіювання

- Більшість стійок для копіювання не дуже портативні.

Переваги штатива

- Портативна підставка для камери, яку легко транспортувати та налаштовувати для фотографування малих і великих предметів.
- Добре підходить для проєктів з копіювання у кількох віддалених місцях.

Недоліки штативів

- Складніше налаштувати відцентровану камеру.
- Незручні у використанні або нестабільні при копіюванні, коли камера спрямована вниз.

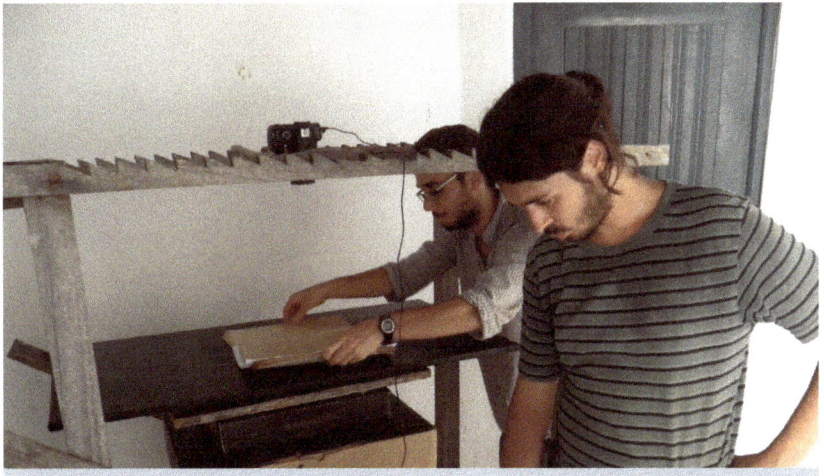

Зображення 22. Пошук виходу, коли ламається стійка для копіювання: EAP569, Використання ткацького верстата для оцифрування матеріалів культури Нзема з Гани.
Фото © Samuel Nobah, CC BY 4.0.

Освітлення та спалах

Робота з безперервним освітленням

Деякі модульні стійки для копіювання продаються з освітлювальними приладами. Ці лампи можна прикріпити до підставки і розташувати на різних відстанях і під різними кутами, що допомагає запобігти відбиткам від блискучих поверхонь. Найкраще використовувати світлодіодні або компактні флуоресцентні лампи, які не виділяють тепла і забезпечують рівномірне освітлення в усьому кадрі, якщо їх правильно розмістити. Ці лампи довговічні (8000 годин), але все ж варто мати запасні на випадок, якщо лампи будуть пошкоджені під час транспортування або вийдуть з ладу посередині проєкту. Важливо, щоб усі лампи, які використовуються, були абсолютно однакового типу, оскільки в іншому випадку заміна лампи може призвести до різного кольорового освітлення та кольорових відтінків.

Якщо ви фотографуєте об'єкти більші за А3, то стійка для копіювання з вбудованим освітленням може бути недостатньою. У цьому випадку використовуйте світильники, відокремлені від підставки.

Яке джерело світла?

Переваги наявного світла

- Денне світло - це безкоштовне джерело світла, незалежне від електрики.
- Наявні джерела світла забезпечують безперервне світло, яке завжди видно (на відміну від спалаху), тому поверхневі відображення можна бачити через камеру і контролювати їх.

Недоліки наявного світла

- Колірна температура наявного світла значно варіюється.
- Слід бути обережним з можливими змішаними джерелами освітлення.
- Робота просто неба потенційно піддає архівні матеріали впливу пилу, дощу, вітру та сонячних променів.

Переваги електричних світильників

- Безперервне джерело світла, яке завжди видно (на відміну від спалаху), тому віддзеркалення поверхонь можна бачити через камеру і контролювати.
- Для деяких копіювальних стійок доступні спеціальні комплекти світлодіодного освітлення.

Недоліки електричних світильників

- Слід бути обережним з можливими змішаними джерелами освітлення.
- Освітлення залежить від електропостачання.
- Яскраві не світлодіодні лампи можуть сильно нагріватися.

Переваги спалаху

Після опанування подвійного спалаху для копіювання, він дасть вам:

- Дуже яскраве джерело світла.
- Чіткі зображення з меншим ризиком видимого тремтіння камери.
- Відносно портативний комплект освітлення.
- Відсутність залежності від електроенергії (за винятком використання акумуляторних батарей).
- Спалах перекриває наявне світло і усуває більшість проблем з колірною температурою від змішаних джерел освітлення.

Недоліки спалаху

- Складний у налаштуванні та опануванні.
- Дорога технологія.
- Залежить від батарейок.

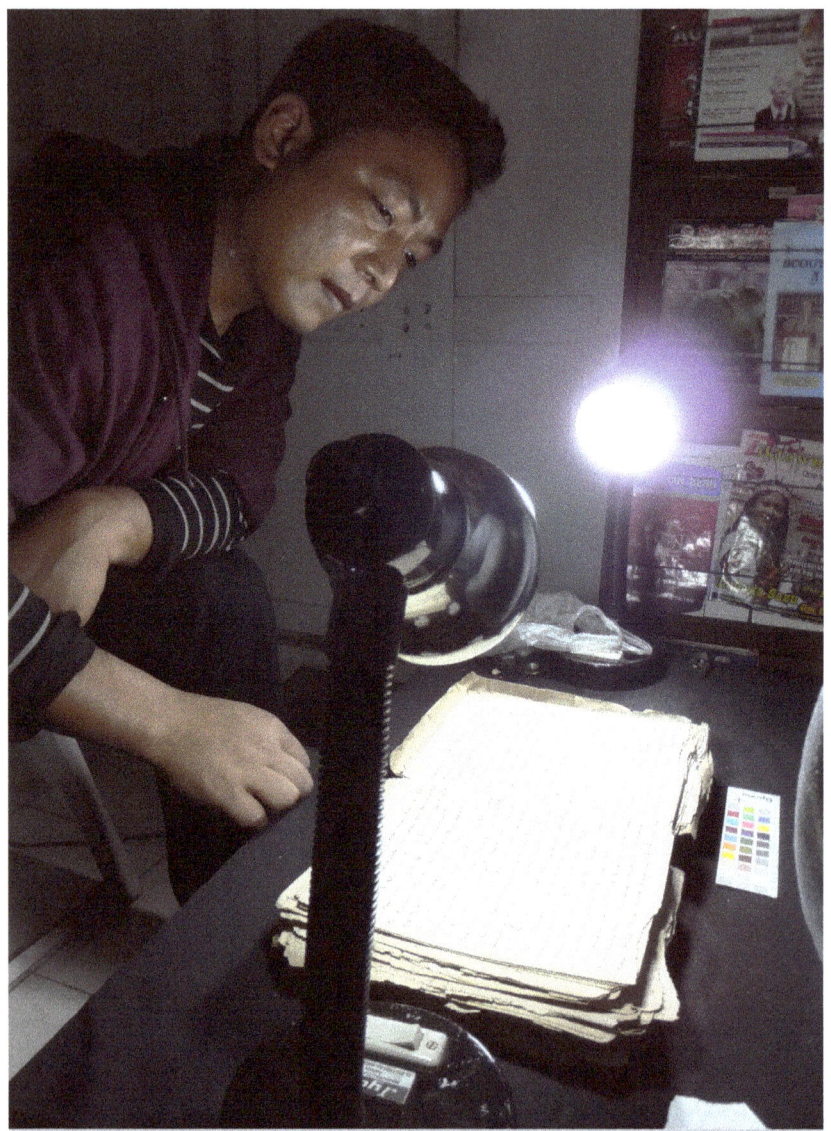

Зображення 23. EAP454, Використання звичайних настільних ламп при роботі у віддаленому районі Мізорам, Індія.
Фото © Kyle Jackson, CC BY 4.0.

Фотографування зі спалахом

Електронний спалах додає ще один рівень складності до процесу копіювання, а також значно ускладнює процес вивчення налаштувань камери. З цієї причини програма «Архіви під загрозою зникнення» не рекомендує використовувати спалах дослідникам, які не мають достатніх практичних знань про цифрову фотографію. Втім, електронний спалах має певні очевидні переваги, оскільки він надає дуже яскраве і неодноразове джерело світла, яке може прискорити процес копіювання і усунути ризик тремтіння камери, спричиненого довгими витримками.

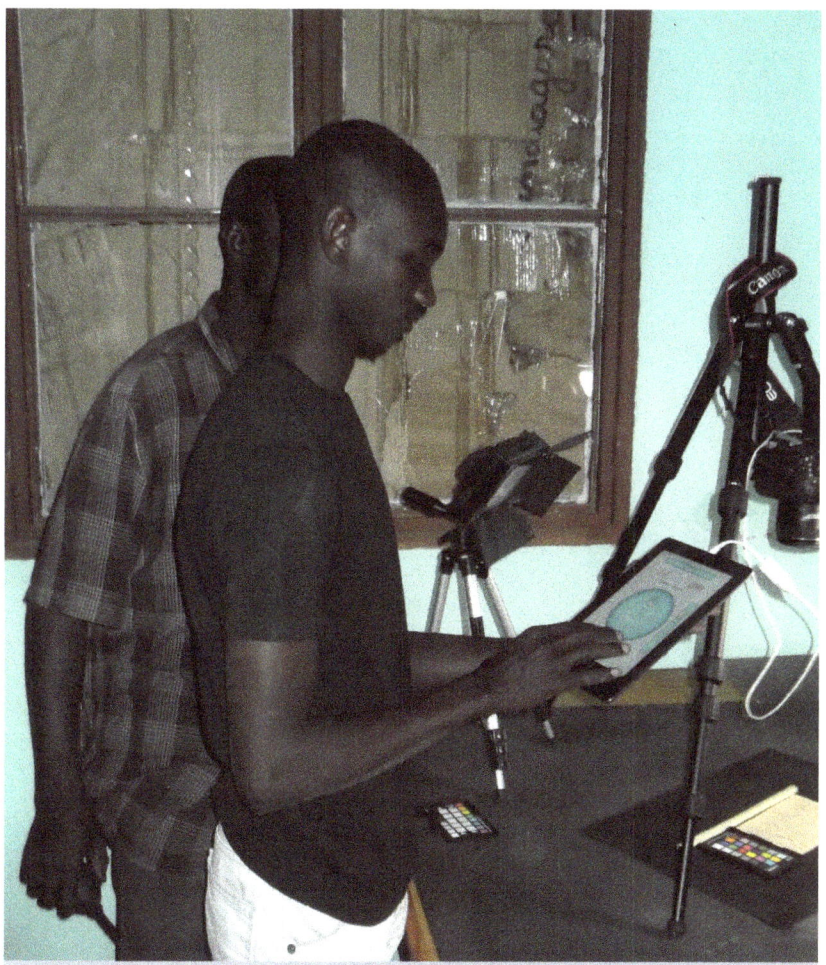

Зображення 24. EAP764, Блокування сонячного світла під час оцифрування матеріалу з Бандіагари, Малі. Фото © Fabrizio Magnani, CC BY 4.0.

Деякі камери DSLR мають невеликий вбудований спалах, але **його ніколи не слід використовувати під час копіювання**, оскільки він дасть дуже різкі та нерівні результати, особливо на малих робочих відстанях, і, ймовірно, спричинить віддзеркалення від поверхонь.

Ідеальна конструкція щодо використання спалаху для копіювання складається з двох флеш-ламп, розташованих на однаковій відстані від матеріалу, що копіюється, світло яких відбивається від білих рефлекторів, зазвичай парасольок. Парасольки повинні бути розташовані по обидва боки від камери і спрямовані на поверхню для копіювання під кутом приблизно 45 градусів. Розташуйте парасольки на достатній відстані одна від одної, щоб жодна частина парасольки не знаходилася безпосередньо над матеріалом, що копіюється.

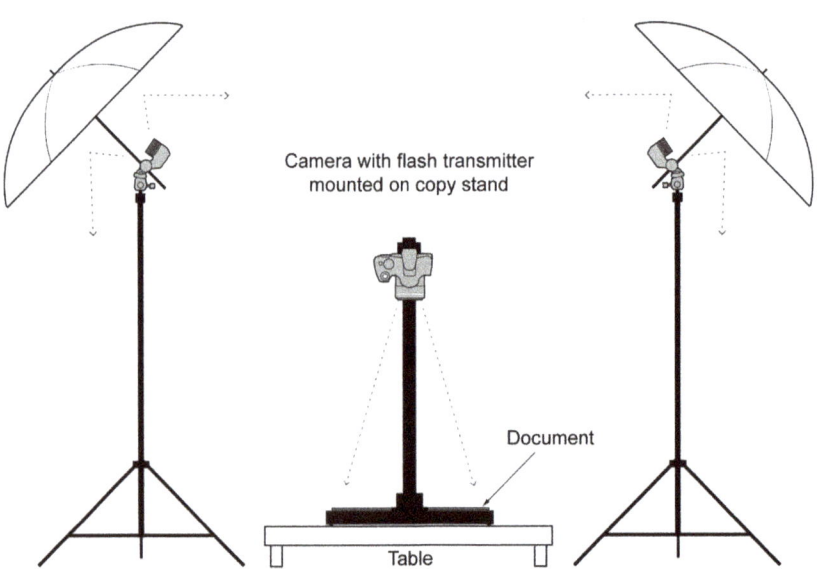

Зображення 25. Мальована ілюстрація, що показує установку спалаху/парасольки під кутом 45 градусів до поверхні копіювання.
Ілюстрація © Anne Leaver, CC BY 4.0.

Лампи для спалаху потрібно встановлювати на підставках, оснащених освітлювальною головкою, яка утримує як лампу, так і парасольку. Лампи націлені всередину парасольки так, щоб ця широка біла поверхня стала джерелом освітлення матеріалу, який копіюється.

(N.B. При фотографуванні просто неба, коли парасолька розгорнута, існує ймовірність, що освітлювальні стійки знесе вітер).

Попри необхідність додаткового навчання, такий спалаховий набір має кілька особливих переваг. Акумуляторні прилади є портативними і не залежать безпосередньо від електрики. Спалах, що відбивається, забезпечує дуже яскраве, розсіяне і рівномірне освітлення, яке створює дуже чіткі зображення, оскільки спалах дає дуже короткий викид світла. У більшості ситуацій в приміщенні, де немає прямого сонячного світла, спалах перекриває інші джерела місцевого освітлення, що дозволяє уникнути проблем зі змішаним освітленням (хоча все ж таки рекомендується вимикати світло в приміщенні).

Детальніше про це читайте в цифровому додатку 2 за посиланням https://doi. org/10.11647/OBP.0138.11

Копіювання негативів зі скляних пластин і прозорих плівок

В більшості процесів копіювання за допомогою сканерів або цифрових камер використовується світло, відбите від поверхні об'єктів, таких як паперові документи. Але деякі об'єкти, такі як негативи на скляній пластині або інші прозорі матеріали, потребують системи запису світла, що проходить *крізь* об'єкт. Такі об'єкти можна відсканувати, використовуючи плівку, а не віддзеркалення на планшетному сканері, або сфотографувати на світловому коробі - лайтбоксі.

Якщо вам потрібно скопіювати велику кількість плівок або слайдів, варто придбати спеціальний плівковий сканер, який сканує як негативи, так і позитиви. Плівкові сканери доступні в різних форматах. Якщо ви копіюєте значну кількість таких матеріалів, потрібно виходити з копіювання найбільших об'єктів і вибрати сканер або лайтбокс, який буде достатньо великим, щоб впоратися з найбільшим об'єктом. Сканери та більшість лайтбоксів потребують надійного електропостачання.

Фотографуючи негативи зі скляної пластини на лайтбоксі, найкраще копіювати майже в темряві, щоб єдиним джерелом світла було світло, що проходить, інакше камера може зафіксувати поверхневі відблиски від самого скла. Також корисно замаскувати зону навколо скляної пластини, щоб уникнути відблисків. Якщо ви копіюєте велику кількість скляних пластин, то два шматки чорного картону у формі літери L спростять процес маскування.

74 *Польові зйомки*

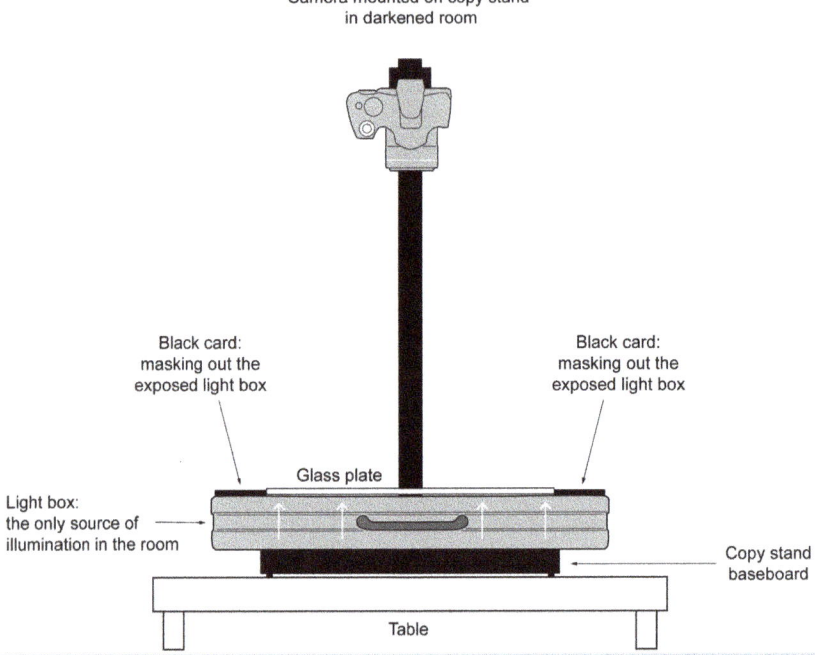

Зображення 26. Налаштування обладнання для оцифрування негативів на скляних пластинах з використанням копіювальної стійки та лайтбоксу.
Ілюстрація © Anne Leaver, CC BY 4.0.

Фотообладнання для польових робіт

Комплект фотоапарата формату APS

- Цифрова камера APS, макрооб'єктив і ширококутний або стандартний зум-об'єктив з можливістю близького фокусування або макрозйомки.
- Захисні УФ-фільтри для всіх об'єктивів.
- Запасні батареї для камери (принаймні одна).
- Запасний зарядний пристрій (хороша ідея, якщо електрика ненадійна).
- Запасний корпус камери (дублікат обраної камери або, можливо, дешевша APS-камера) для великих проєктів.
- Пульт дистанційного керування для конкретної моделі камери.

Комплект повнокадрової камери

- Повнокадрова цифрова камера та 50-міліметровий стандартний об'єктив або макрооб'єктив.
- Ширококутний або стандартний зум-об'єктив із можливістю близького фокусування або макрозйомки.
- Захисні УФ-фільтри для всіх об'єктивів.
- Запасні батареї для камери (принаймні одна).
- Запасний зарядний пристрій (хороша ідея, якщо електрика ненадійна).
- Запасний корпус камери (дублікат обраної камери або дешевша повнокадрова камера) для великих проєктів.
- Пульт дистанційного керування для конкретної моделі камери.

Набір для копіювання

- Стійка для копіювання.
- Як варіант, штатив і бічний кронштейн/штатив з відкидною центральною колоною.
- Світлодіодні ліхтарі або портативний пристрій для спалаху.
- Фонова тканина або картка нейтрального кольору (плюс клейка плівка, щоб утримувати тканину на місці).
- Колірна шкала і мірка.
- Невеликий спиртовий рівень.

Зберігання даних

- Запасні якісні та швидкі карти пам'яті (CF або SD, або обидві, залежно від обраної моделі камери).
- Зчитувач для цих карт CF або SD.
- Два зовнішні жорсткі диски для резервного копіювання даних.

Портативний набір для спалаху

- Дві переносні освітлювальні стійки.
- Два регульовані кронштейни для кріплення ламп та парасольки до стійок.
- Два білих парасолькових рефлектори.
- Дві спалахові лампи.
- Один оптичний передавач.
- Запасні комплекти одноразових літієвих батарейок або якісні акумуляторні батарейки, якщо електропостачання надійне.

> **Інше**
> - Повні інструкції щодо обладнання та процедур документування.
> - Повітродув у вигляді груші, серветка з мікрофібри для очищення корпусу камери та серветки для очищення об'єктивів.

Необхідне обладнання та навички

Цифрові камери та спалахи стали надзвичайно складними пристроями. Вони та інструкції, що додаються до них, спочатку можуть злякати, але насправді вони містять набагато більше інформації, ніж вам потрібно засвоїти для ефективної роботи. **Втім, вкрай важливо, щоб ви придбали та ознайомилися з вашим обладнанням задовго до того, як використовувати його в польових умовах.** Це може забрати кілька днів практики та експериментів. Занотуйте ключові налаштування камери та спалахів і візьміть їх із собою в поле.

Напевно, варто витратити невеликі додаткові кошти і придбати обладнання в хорошому місцевому фотомагазині, якщо це можливо, і скористатися технічною підтримкою кваліфікованого персоналу.

> ### Основні навички роботи з цифровою камерою
> **Щоб бути компетентним і впевненим у собі, треба знати, як:**
> - Вмикати та вимикати камеру, регулювати зум, фокусувати об'єктив, робити фотографії та переглядати їх на задньому світлодіодному екрані.
> - Прикріпляти і знімати об'єктив.
> - Встановлювати режим експозиції на пріоритет діафрагми або ручну експозицію. Переводити об'єктив з режиму автоматичного фокусування в режим ручного фокусування.
> - Налаштовувати діафрагму, витримку та значення ISO.
> - Виставляти автоматичний баланс білого.
> - Використовувати регулятор компенсації експозиції при застосуванні режиму пріоритету діафрагми.
> - Встановлювати правильну експозицію в ручному режимі експозиції.
> - Вмикати електронну сітку у видошукачі (або замінювати екран фокусування на екран із сіткою).
> - Вмикати задній світлодіодний екран і налаштовувати параметри, що відображаються на екрані (діафрагма, витримка, ISO, автоматичний баланс білого).
> - Переглядати гістограми на задньому світлодіодному екрані.
> - Виставляти камеру на запис у форматі RAW.

- Виймати, заряджати та замінювати батареї.
- Виймати та замінювати карти пам'яті.
- Завантажувати файли з карт пам'яті на комп'ютер і створювати резервну копію файлів з комп'ютера на зовнішньому жорсткому диску.
- Переформатовувати карти пам'яті в камері.

Контрафактні товари

Міжнародний ринок підроблених цифрових товарів стрімко зростає. Особливо це стосується периферійних пристроїв, таких як батареї для фотоапаратів та карти пам'яті. Підроблені батареї для фотоапаратів можуть потенційно пошкодити камеру або стати причиною пожежі. Підроблені карти пам'яті також поширені і становлять загрозу для правильного запису файлів та довготривалого надійного зберігання і пошуку даних.

Важливо: Купуйте всі цифрові периферійні пристрої з надійних джерел. Наприклад, ми рекомендуємо використовувати оригінальні акумулятори Nikon у фотоапаратах Nikon та оригінальні акумулятори Canon у фотоапаратах Canon.

Практичні поради для фотографування в польових умовах

Електропостачання та батареї в польових умовах

Якщо ви працюєте у віддалених місцях з ненадійним електропостачанням, вам знадобляться запасні батареї для камер. Залежно від обсягів роботи з документації та кількості створюваних файлів, вам може знадобитися кілька додаткових акумуляторів для камер і, напевно, варто передбачити запасні зарядні пристрої. Також потрібно перевірити наявність джерел живлення для підзарядки та з'ясувати найпоширеніший тип місцевих електричних розеток. У віддалених місцевостях постачання електроенергії може бути дуже нестабільним, а заряджання акумуляторів і ноутбуків до повної потужності може бути повільним. Для великого проєкту можна розглянути можливість використання невеликого портативного генератора та/або високоякісних сонячних зарядних пристроїв. У ситуаціях з нестабільним електропостачанням важливо вкласти гроші в потужний мережевий фільтр, щоб захистити електронне обладнання від пошкоджень.

Літієві батареї

Цифрові фотоапарати, відеокамери та багато інших електронних пристроїв використовують літієві батареї, що перезаряджаються. N.B. Більшість авіакомпаній зараз наполягають на тому, щоб всі запасні або окремі літієві батареї перевозилися в ручному багажі (якщо вони не знаходяться всередині корпусу камери).

Одноразові літієві батарейки дорогі, але вони найбільш якісні з точки зору потужності та терміну зберігання. Вони також добре функціонують в умовах екстремального холоду, продовжуючи працювати за температури до мінус 40°C. Більшість звичайних одноразових лужних батарейок і акумуляторних NiMH-батарейок значно втрачають потужність при використанні нижче точки замерзання.

Висота і жорсткі диски

Звичайні жорсткі диски - найпоширеніший комп'ютерний носій інформації, який використовується в ноутбуках і зовнішніх жорстких дисках. Це диски, що обертаються, і при роботі на висоті понад 3000 метрів для них виникають ризики. В екстремальних умовах при переміщення на великій висоті жорсткі диски можуть зруйнуватися. На відміну від них, твердотільні накопичувачі (SSD) не мають рухомих частин, і на них не впливає висота. Твердотільні накопичувачі можна використовувати як внутрішні диски для ноутбуків або настільних комп'ютерів, а також як зовнішні накопичувачі. Вони значно дорожчі за звичайні диски. Якщо ви використовуєте звичайні жорсткі диски на висоті, важливо вимкнути комп'ютер перед переміщенням, а не заводити його в сплячий режим, або від'єднати і вимкнути зовнішній жорсткий диск. **Не подорожуйте на великій висоті з ноутбуком у сплячому режимі**.

Догляд за фототехнікою

Сучасні напівпрофесійні цифрові камери - це міцні та надійні пристрої з дуже хорошим захистом від вологи та пилу. Тому вони краще пристосовані до суворих умов польових робіт, ніж дешевші моделі. Однак усі цифрові камери можуть потерпати від проблем, спричинених пилом і вологою. Намагайтесь запобігати контакту камери, об'єктивів, акумуляторів і спалахів з водою, підвищеною вологістю та пилом. Зберігайте та транспортуйте камери з пакетиками, що поглинають вологу (наприклад, з силікагелю), у герметичних водонепроникних контейнерах, якщо ви працюєте у вологих умовах, і регулярно просушуйте ці пакети. Намагайтеся уникати заміни об'єктива камери надворі і **ніколи не** залишайте камеру без встановленої кришки об'єктива або корпусу. Завжди захищайте камеру та об'єктиви під час подорожей.

Очищення камер і об'єктивів від пилу

Коли ви змінюєте об'єктиви, пил може потрапляти в корпус камери і осідати на фільтрі перед сенсором. Це призводить до появи видимих плям, які виникають в одному і тому ж місці на кожному кадрі. Вони найбільш помітні на великих ділянках світлих тонів. Більшість камер очищають матрицю автоматично, коли вмикаються або вимикаються. Вони роблять це, змушуючи матрицю вібрувати, щоб частинки пилу відпадали, хоча буває, що порошинки пилу не видаляються навіть у такий спосіб.

N.B. Пил на сенсорі помітний лише після того, як ви зробили знімок і переглядаєте його на задньому РК-дисплеї або на екрані комп'ютера. Частинки пилу, які видно у видошукачі, знаходяться або на видошукачі, або на дзеркалі всередині корпусу фотокамери. Такий пил не відображається на зображенні, і якщо він відволікає увагу, його можна легко здути за допомоги гумової груші.

- Для очищення корпусу фотокамери, видошукача та РК-екранів використовуйте повітродувку, а потім обережно протріть їх безворсовою чистою м'якою тканиною з мікроволокна. Для очищення оптичних поверхонь використовуйте лише фірмові серветки для об'єктивів.

- Для очищення дзеркала використовуйте повітродувку: зніміть об'єктив і тримайте камеру передньою частиною донизу, щоб частинки пилу могли випасти з корпусу. Кілька разів подуйте на дзеркало з повітродувки. Будьте дуже обережні, щоб не торкатися дзеркала. Ніколи не використовуйте балончик зі стисненим повітрям.

Очищення сенсорів від пилу

Належне очищення сенсора - це робота для професійного сервісного центру. Намагаючись почистити сенсор самостійно, ви можете втратити гарантію на ремонт камери. Крім того, сенсор легко пошкодити, доторкнувшись до нього, а його заміна коштує дуже дорого.

Однак, якщо на матриці накопичився пил і автоматичний процес очищення не працює, а альтернативи немає, можна спробувати зробити наступне:

- Переведіть камеру в режим ручного очищення сенсора, який заблокує дзеркало і відкриє затвор. Зніміть об'єктив, що дозволить побачити матрицю, а потім поверніть камеру донизу, щоб частинки пилу могли випасти з корпусу. Подмухайте кілька разів повітрям на матрицю з повітродувки. Тримайте кінчик повітродувки всередині камери на достатній відстані від сенсора. За жодних обставин не торкайтеся сенсора. НЕ використовуйте стиснене повітря. Поставте назад об'єктив, вимкніть і знову увімкніть камеру та зробіть кілька пробних знімків, щоб перевірити, чи не залишилося пилу.

- Щоб перевірити, чи немає пилу на матриці: виберіть пріоритет діафрагми (A на Nikon, Av на Canon) і встановіть об'єктив на f16. Покладіть в кадр чистий білий аркуш паперу або подібний однотонний, сфокусуйтеся і зробіть знімок. Розгляньте файл на екрані комп'ютера. За потреби повторіть.

Пакувальне обладнання для подорожей

Сумки для фотоапаратів доступні у величезному розмаїтті: жорсткі металеві бокси, що забезпечують максимальний захист фототехніки, сумки на роликах, які є найпростішою формою транспортування (за умови, що ви не працюєте на бездоріжжі), або рюкзаки, які надають вам ергономічне рішення для перенесення ваги. Рекомендується купувати сумку після того, як ви придбали решту обладнання, і враховувати характер середовища, в якому ви будете працювати. Вибір залежатиме від кількості обладнання, яке ви перевозите, а також від того, чи будете ви працювати в одній архівній установі, або ж подорожуватимете. Навіть якщо ви працюєте в одному архіві, доцільно мати якусь сумку для камери, щоб зберігати обладнання та тримати його в одному місці.

Хоча професійне обладнання є міцним і надійним, його можна пошкодити під час транспортування. Якісні герметичні поліетиленові харчові пакети чудово захищають обладнання від пилу. Пухирчаста плівка - це легке рішення для захисту обладнання під час транспортування. Якісні герметичні пластикові коробки для харчових продуктів можуть захистити обладнання від води та ударів.

Що покласти в багажне відділення літака

Якщо ви летите з обладнанням, а не купуєте його на місці або доставляєте окремо, існують обмеження на те, що можна перевозити в ручному багажі.

Невеликі предмети обладнання можна покласти в герметичні поліетиленові пакети, загорнути в пухирчасту плівку, а потім помістити в якісні водонепроникні герметичні пластикові коробки для продуктів харчування, обклавши їх одягом у багажі, що здається в багажне відділення літака. Штативи та освітлювальні стійки краще загорнути в пухирчасту плівку і перевозити в сумках для штативів.

Корпуси камер, об'єктиви та ноутбуки найкраще перевозити в ручному багажі, знову таки помістивши кожний предмет окремо у герметичні поліетиленові пакети, загорнувши в пухирчасту плівку, а потім в якісні водонепроникні герметичні пластикові коробки для їжі або м'які чохли в сумці для камери.

Жорсткі диски та впорядкування даних

Вибір зовнішнього жорсткого диска

З огляду на вразливість цифрових даних під час роботи у віддалених місцях, напевно, варто інвестувати в моделі SSD (твердотільні накопичувачі) з міркувань швидкості, загальної надійності та меншого ризику внутрішнього фізичного пошкодження рухомих частин. Купуючи окремі жорсткі диски, важливо перевірити їхню сумісність з комп'ютерами проєкту: у зовнішніх накопичувачів є різні порти підключення, але найпоширенішим є USB 3.0, який працює на комп'ютерах Mac і PC. Багато зовнішніх накопичувачів не потребують окремого джерела змінного струму, а живляться безпосередньо від комп'ютера через з'єднувальний кабель. Це може бути важливо в деяких віддалених місцевостях. Інші моделі мають окремий блок живлення та кабель.

Збереження цифрових файлів в польових умовах

Оригінальні цифрові файли дуже легко видалити випадково. Рекомендується ніколи не видаляти файли з карти пам'яті, перебуваючи в польових умовах. Видаляйте оригінальні файли лише тоді, коли ви впевнені, що всі файли були перевірені та створені резервні копії.

При повторному використанні карт пам'яті найкраще переформатувати їх у фотокамері, а не просто очищати, перетягуючи файли з карти до комп'ютерного кошика для сміття. Переформатування карт пам'яті допомагає запобігти пошкодженню папок і файлів. Регулярне переформатування є хорошою практикою, що має усунути потенційні помилки на карті. Ніколи не використовуйте карту пам'яті, на якій з'явилася помилка при зчитуванні.

> Переформатування знищує всі наявні файли і папки на карті пам'яті. Переконайтеся, що ви заздалегідь вивантажили всі файли та створили резервні копії у двох або трьох різних місцях.
>
> (Для детального обговорення резервного копіювання даних див. розділ 5).

Ємність жорсткого диска та флеш-карти пам'яті

Повнокадрова цифрова камера, як-от Canon 5D Mark II, створює файли RAW розміром приблизно 30 Мб (30 мегабайт) або більше. Картка пам'яті Compact Flash ємністю 32 Гб (32 гігабайти) або SD-карта вміщує понад 1000 таких RAW-файлів, а жорсткий диск ємністю 500 Гб (500 гігабайт) - понад 16 000 таких файлів. Жорсткі диски - відносно недорога частина загального бюджету, тому завжди забезпечуйте більші потреби у цифровому сховищі.

Форматування жорстких дисків для подання матеріалів

Жорсткі диски для ПК і комп'ютерів Mac не обов'язково взаємозамінні. Дослідники, які працюють з комп'ютерами Apple Macintosh, повинні переформатувати зовнішній жорсткий диск, який вони передають до Британської бібліотеки, у формат exFAT або FAT32. Це зробить їх читабельними як на Mac, так і на ПК. Формат FAT32 має деякі обмеження, оскільки він обмежує розмір окремого файлу до 4 ГБ. Формат exFAT не має такого обмеження. Диски, що передаються до Британської бібліотеки, не повинні бути розбиті на розділи і ніколи не повинні бути захищені паролем. Ви можете переформатувати жорсткі диски на комп'ютері Apple Mac за допомогою програми Disk Utility, яка знаходиться в течці Utilities директорії Applications, що попередньо встановлена на всіх комп'ютерах Mac.

Сканери

Може скластись враження, що планшетний сканер є найбільш відповідним обладнанням для вашого проєкту, але не варто думати, що це простіший варіант, ніж камера. Переваги його у тому, що при використанні планшетного сканера менша ймовірність спотворень, а вирівняти документ простіше. Сканери також експортують зображення у форматі TIFF, що означає, що вам не доведеться конвертувати їх з RAW. Однак документи повинні бути певного розміру, і необхідно мати надійне електропостачання, якщо ви хочете розглянути можливість використання сканера.

Планшетні сканери значно вдосконалилися, вони можуть створювати чудові зображення. Інформація, яку надають виробники, буває нечіткою, що робить завдання вибору моделі досить складним. Наведена нижче інформація, сподіваємося, допоможе вам розібратися з різними технічними характеристиками і зрозуміти, на що звертати увагу.

Роздільна здатність

Виробники можуть вказувати два типи роздільної здатності: оптичну або інтерпольовану. Вас має цікавити лише оптична роздільна здатність, яка дає найкраще уявлення про роботу сканера. Оптична роздільна здатність відображається у форматі двох чисел, що позначають кількість точок на дюйм (наприклад, 1200 × 2400 dpi). Перша цифра, менша з двох, є найважливішим числом. В ідеалі вона не повинна бути нижчою за 1200 dpi.[5]

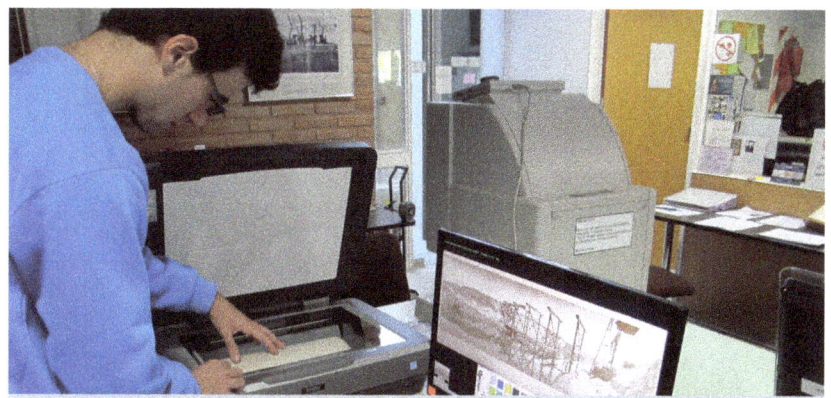

Зображення 27. EAP563, Сканування фотографій з колекції родини Х'юм, Аргентина. Фото © Silvana Lucia Piga, CC BY 4.0.

Глибина кольору

Цей показник може називатися глибиною кольору або розрядністю. Вона вказує на те, наскільки добре обладнання може передавати кольоровий діапазон: чим вище це число, тим точніше передається колір. Сканери можуть сканувати з більшою розрядністю, але іноді можуть експортувати зображення лише з меншою розрядністю; тому важливо розуміти глибину кольору, яку сканер експортує, і не зважати на цифру, що характеризує зйомку. Колір складається з трьох різних каналів: червоного, зеленого та синього (RGB). Глибина кольору відображає або кожен з каналів, і в цьому випадку вона буде подана як 8- або 16-біт/канал, або об'єднує всі канали і буде показана як 24- або 48-біт RGB. Чим точніший колір, тим більший розмір зображення і тим більше пам'яті вам знадобиться. Зазвичай для проєктів EAP рекомендується 8 біт/канал (24-біт RGB).

---

5 Ви також можете побачити «spi» або «ppi», але всі вони описують ту саму роздільну здатність.

Шум

Шум - це будь-яка небажана енергія, що втручається в зображення, яке ви хочете створити. Часто це проявляється у вигляді зернистості зображення, особливо в тіні. Щоб зрозуміти, скільки шуму може бути створено, потрібно подивитися на співвідношення сигнал/шум (s/n), яке буде вказано в специфікації сканера. У сканерах нижчого класу з неприйнятним співвідношенням цей показник може навіть не вказуватися - таких сканерів слід уникати. Прийнятними рівнями є 60 дБ для 8-біт/канал і 75 дБ для 12-біт. Якщо ви знаєте глибину кольору і співвідношення s/n, можна приймати обґрунтовані рішення щодо того, який сканер купити. Сканер з високим співвідношенням сигнал/шум з 30-бітною глибиною кольору перевершить сканер з меншим співвідношенням s/n при 42 бітах.

Динамічний діапазон і dMax

Ще однією характеристикою, на яку варто звернути увагу, купуючи сканер, є динамічний діапазон. Це різниця між найяскравішим світлом і найтемнішою тінню. Це особливо важливо, якщо ви розглядаєте сканер для оцифрування чорно-білих фотографій. Оптимальна шкала має білий колір (dMin) на рівні 0,0 і найтемніший чорний колір (dMax) на рівні 4,0. Сканери не можуть сканувати при таких крайніх величинах, але якщо щодо певної моделі заявлено, що dMin дорівнює 0,2, а dMax - 3,8, то динамічний діапазон становитиме 3,6. Чим менший динамічний діапазон, тим менша ймовірність того, що сканер зможе відтворити тонкощі затінення і відтінків сірого. Якщо в специфікації вказано лише dMax, бажано, щоб воно було якомога ближче до 4,0.

Швидкість сканування

Обираючи сканер, важливо з'ясувати, скільки часу потрібно для сканування документа. Звісно, чим вища якість зображення, тим довше буде сканування. Якщо це можливо, попросіть про демонстрацію перед покупкою. Якщо є дві моделі з дуже схожими параметрами, швидкість сканування може допомогти вам зробити остаточний вибір.

Область сканування

Дуже важливо знати всі розміри матеріалу, який ви будете оцифровувати. Найпоширеніший розмір для планшетного сканера - А4. На ринку є сканери формату А3, але все, що має більший розмір, коштує надзвичайно дорого. Існують також спеціальні сканери, які оцифровують плівку, наприклад, діапозитиви, слайди або 35-міліметрову плівку. Оскільки проєкти ЕАР зазвичай не працюють з такими матеріалами, ми не розглядаємо цей тип сканерів. Важливо, однак, пам'ятати, що негативи на скляних пластинах легко розбити, закриваючи кришку сканера, тому бажано використовувати лайтбокс. Якщо ви вирішили використовувати сканер для скляних негативів, будь ласка, зверніться до сторінки 73.

Якщо ви не знаєте розмірів документів, які оцифровуєте, обирайте не сканер, а камеру та стійку для копіювання.

Управління кольором

Важливо відкалібрувати сканер і переконатися, що кольори передаються максимально точно. Часто сканери мають вбудовані методи калібрування. Додатковим методом є використання колірної таблиці та супутнього програмного забезпечення. У таблиці надаються точні значення кольорів і відтінків сірого, що дає змогу сканеру внести відповідні корегування. Важливо регулярно калібрувати сканер (в ідеалі - щодня або принаймні раз на тиждень); так ви будете впевнені, що ваші зображення будуть однаковими протягом усього проєкту оцифрування.

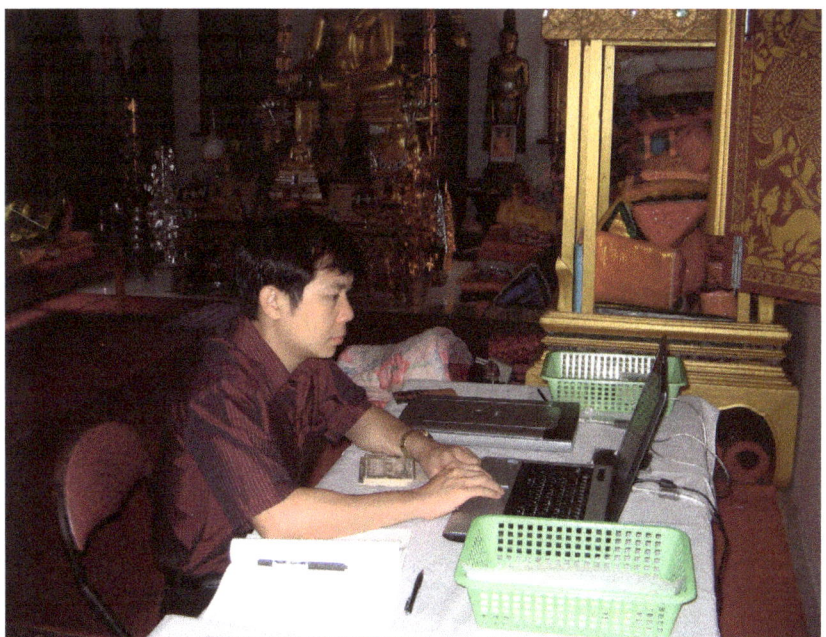

Зображення 28. ЕАР086, Тимчасова установка для сканування під час оцифрування фотографій у монастирі в Лаосі.
Це підкреслює необхідність дотримуватися методичного процесу, де б ви не знаходились. Фото © Martin Jürgens, CC BY 4.0.

3. Стандарти зображень

Елізабет Хантер

Вступ

Найважливіший аспект оцифрування рукопису - переконатися, що текст знаходиться у фокусі і є розбірливим. Однак є й інші фактори, які слід врахувати, щоб ваші зображення були якомога приємнішими для очей. Якщо ви новачок у фотографії, ці вміння потрібно розвивати. Хтось опанує це природнім чином, а комусь знадобиться трохи більше часу, щоб навчитися. Щоб допомогти вам краще зрозуміти, що робить фотографію гарною, ми включили кілька прикладів оцифрованих об'єктів; деякі з них ідеальні, а інші демонструють різний рівень незадовільності. Уважно подивіться на приклади, щоб зрозуміти, що таке високоякісне зображення.

Коли ви отримуєте грант, ви маєте надіслати зразки зображень куратору EAP для затвердження. Важливо надсилати зразки одразу після початку оцифрування. Може виникнути спокуса оцифрувати багато зображень до того, як ви вирішите їх подати. Ризик полягає в тому, що вони можуть не відповідати належним стандартам, а якщо вам скажуть, що вони не зовсім такі, як треба, ви можете занепасти духом. Матеріал, який ви оцифровуєте, крихкий і вразливий, варто тримати його в руках лише один раз, тому важливо зробити одразу все правильно. Доцільно витратити час на ознайомлення з обладнанням та оцінку якості фотографій, які ви робите. Порівняйте свої фотографії з прикладами, наведеними в цьому розділі; це допоможе вам вирішити, чи на правильному ви шляху.

> Оцифрування з найвищою якістю є надзвичайно важливим. Цілком можливо, що другого шансу отримати доступ до цих матеріалів, що перебувають під загрозою зникнення, ніколи не буде.
>
> *Цзянь Сюй, EAP012, EAP081, EAP143, EAP217, EAP460 та EAP550, Китай*

> Для фотографування рукописів використовувалося лише природне світло, і це створювало проблеми в похмурі або дощові дні. У такі дні команді доводилося чекати, доки покращаться умови освітлення або навіть скасовувати зустрічі з власниками рукописів. Це не лише затримувало роботу, але й марнувало час власників рукописів, які є зайнятими фермерами.
>
> *Хао Фан, EAP698, В'єтнам*

> Здебільшого наша робота залежала від клімату в Ассамі. Тільки-но починався сезон дощів, нам доводилося припиняти роботу, оскільки щоб отримати належне освітлення, фотографувати рукописи доводилося просто неба,. Фотографування в приміщенні взагалі було неможливим, оскільки глинобитні будинки більшості власників були погано освітлені. Також безперервний дощ ускладнював пересування. Сезон дощів зазвичай триває близько половини року.
>
> *Стівен Морей та Поппі Ґоґой, EAP373, Ассам*

> Музей був довгим сараєм з вікнами по всій довжині, тому ми затемнили вікна залізничного вагона. Для цього нам довелося обнишпорити місцеві магазини в пошуках чорної тканини!
>
> *Тім Проктер, EAP626, Сьєрра-Леоне-]*

Що варто врахувати

Освітлення

Якщо це можливо, варто відтворити належні умови студії, заблокувавши світло від вікон і використовуючи світло студійного спалаху для освітлення об'єктів, які ви фотографуєте.

Потужність спалаху зазвичай перекриває навколишнє світло, але якщо у вас сильне сонячне світло, це може вплинути на експозицію камери, і може виявитися, що ваші зображення з одного боку будуть яскравішими, ніж з іншого.

Якщо немає можливості фотографувати всередині, то зважайте, що похмурий день дасть приємне м'яке світло. Якщо сонячне світло сильне, то розміщене над робочою зоною біле простирадло зробить сонячне світло набагато більш розсіяним.

Освітлювальні прилади повинні освітлювати об'єкт, а не створювати додаткових проблем – наприклад, відблиски або нерівності, - тому переконайтеся, що прилади розміщені на однаковій відстані від об'єктів зйомки і бажано під кутом 45 градусів.

Чим більший софтбокс (софтбокс - це велика обтягнута тканиною рамка, яка розміщується над лампою для отримання м'якого і рівномірного освітлення) або парасолька, яку ви використовуєте з лампами, тим більш розсіяним, м'яким і рівномірним буде освітлення.

Кольорова шкала та баланс білого

Переконайтесь, що комп'ютер і камери відкалібровані, і що камери збалансовані по білому, щоб те, що ви бачите на екрані вашого комп'ютера, було точним відображенням того, що було зняти.

Почніть свій робочий день з контрольного знімка з кольоровою шкалою на білому тлі.

Порівняння фотографій з цим контрольним знімком покаже будь-які зміни в колірному балансі та експозиції, а на чистому білому тлі буде видно пил і сліди на сенсорі камери.

Завжди додавайте до кожного зображення точну колірну шкалу (включно з вимірювальною шкалою).

Тло

Бажано використовувати нейтральний сірий або чорний фон, краще не надто блискучий і не надто фактурний, щось на кшталт щільного паперу, під предметами, що фотографуються. Це забезпечить чисту, однорідну поверхню та надасть зображенням охайного вигляду.

Кадрування

Намагайтеся, щоб ваш об'єкт займав якомога більше місця в кадрі, а шкалу відтінків сірого та вимірювальну шкалу розмістіть на порожній ділянці з одного боку кадру. Не хочеться втратити цінний простір кадру, розмістивши шкали в неправильному місці.

Бажано використовувати спиртовий рівень, щоб розташувати камеру паралельно об'єкту, який фотографується, і намагатися зробити об'єкт максимально плоским і рівним, підпираючи низькі частини пластиром Plastazote і притискаючи вищі частини указкою Perspex.

Фотографуючи багатосторінкову книгу, переконайтеся, що відстань між сторінкою, яку ви фотографуєте, і камерою залишається незмінною, щоб усі зображення були однакового розміру і залишалися у фокусі, коли ви будете просуватися по книзі. Для цього треба виміряти відстань на початку фотографування і записати її, а потім повторно вимірювати і регулювати положення камери приблизно через кожні 20 сторінок.

Це залежить від товщини сторінок: можливо, доведеться наближати камеру, наприклад, раз на 50 сторінок, якщо папір тонкий. Це потрібно буде дослідити.

Шкала вимірювання та шкала сірого повинні залишатися на одному рівні зі сторінкою, яку ви фотографуєте, тож покладіть їх на шматки пінопласту або картону, коли ви знаходитесь на початку книги, і зменшуйте цю висоту в міру просування по книзі.

Фотографування негативів

Якщо вам потрібно оцифрувати скляні або желатинові негативи, то одним з найкращих способів є використання копіювальної стійки з прикріпленою камерою та лайтбоксом під нею (див. зображення 26).

Негатив вкладають на лайтбокс і маскують чорним папером так, щоб освітлювався лише негатив. Для цього знадобиться довга витримка, можливо, близько 1 секунди, оскільки загальне освітлення надходить від лайтбоксу крізь негатив.

Таблиця 3. Стандарти EAP для цифрових матеріалів

З оригіналів	
Чорно-білі фотографії	8-бітова шкала сірого, роздільна здатність залежить від розміру оригіналу, ймовірно, в діапазоні 300–1200 ppi. Може бути доречним знімати у форматі 24-бітовий RGB залежно від тону зображення.
Кольорові фотографії	24-бітовий RGB, роздільна здатність залежить від розміру оригіналу, ймовірно, в діапазоні 300–1200 ppi.
Слайди або невеликі негативи	8-бітова шкала сірого або 24-бітовий RGB, ефективна роздільна здатність 300 ppi залежно від розміру оригіналу.
Друковані тексти	8-бітова шкала сірого, 400 ppi.
Друковані тексти з напівтонами та інші чорно-білі ілюстрації	8-бітова шкала сірого, 400 ppi, 24-бітовий RGB можна розглядати залежно від характеристик матеріалу.
Друковані тексти з кольоровими ілюстраціями	24-бітовий RGB, 400 ppi.
Рукописи, карти та інші матеріали	300 точок на дюйм, 8-бітова шкала сірого або 24-бітовий RGB. Просторову роздільну здатність можна налаштувати до 400 ppi і вище, якщо важливі елементи, які потрібно охопити, мають розмір менше 1,5 мм.

Процес перевірки EAP

Перед початком оцифрування треба надіслати зразки зображень до EAP для перевірки та затвердження. Не починайте оцифровувати архів, доки всі зауваження не будуть враховані і не буде отримано схвалення.

3. Стандарти зображень   91

Приклади хороших і поганих зображень

Нижче наведено кілька прикладів паралельних зображень, які відповідають рекомендаціям EAP, і тих, що не відповідають. Уважно подивіться на них, щоб помітити різницю в кожному випадку.

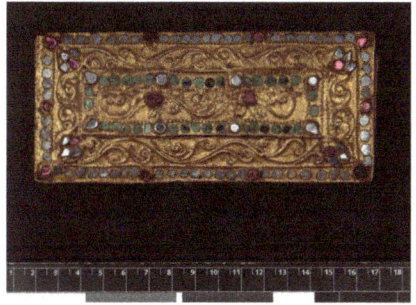

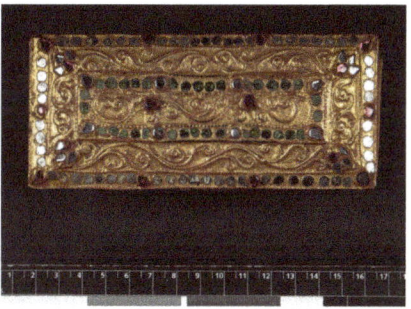

✓ Відблиск було зменшено шляхом використання легкого намету або відбивання світла від стелі.

✗ Поверхня має відблиски, бо на неї потрапляє світло.

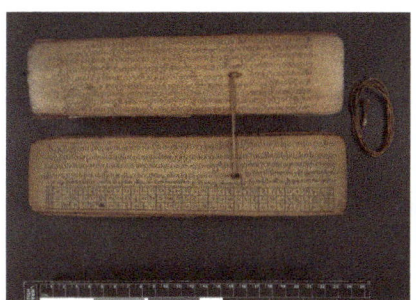

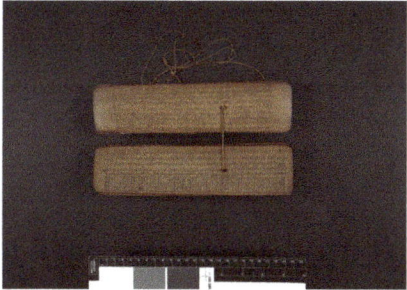

✓ Рукопис заповнює рамки кадру.

✗ Занадто багато простору навколо об'єкту, значне марнотратство кадру.

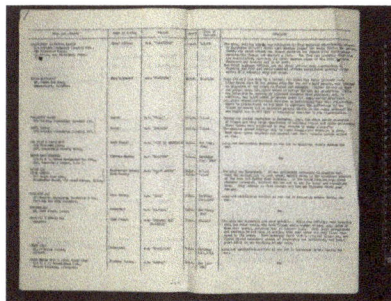

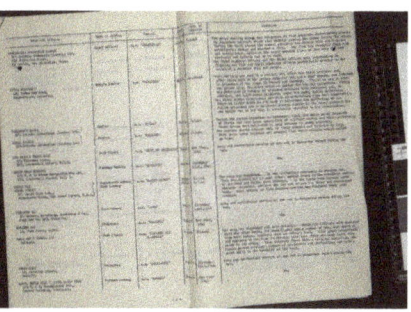

✓ Весь об'єкт у кадрі.

✗ Країв об'єкту не видно.

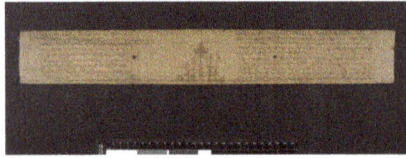 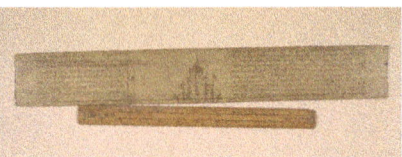

✓ Належний колір фону, лінійка акуратно покладена на край кадру.

✗ Колір фону занадто схожий на колір об'єкту, об'єкт не лежить прямо, лінійка надто близько.

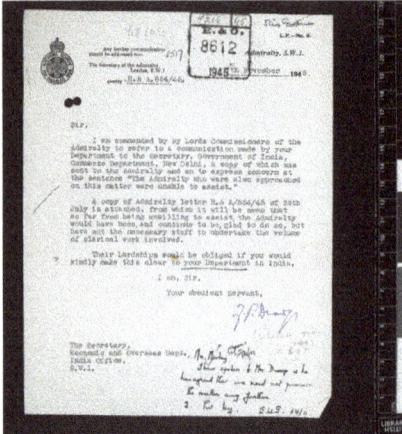 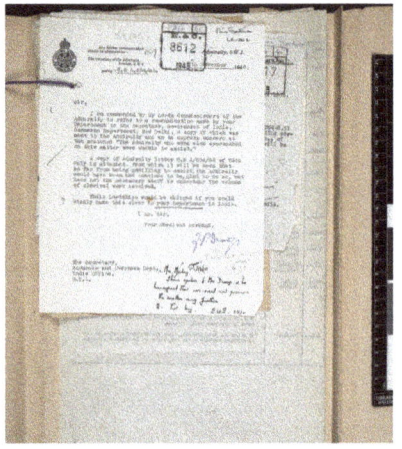

✓ Сфотографовано окремий предмет з архіву (завдяки використанню архівної папки).

✗ Сфотографовано весь стос архівних документів. Нижні папери відволікають увагу від листа, який є об'єктом зйомки.

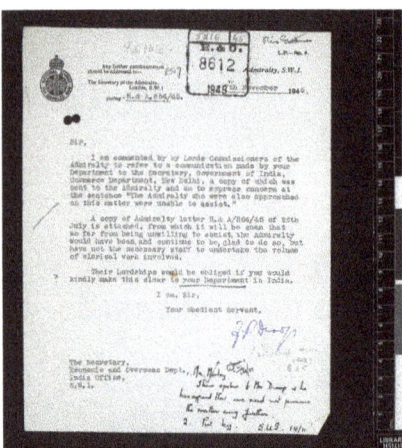 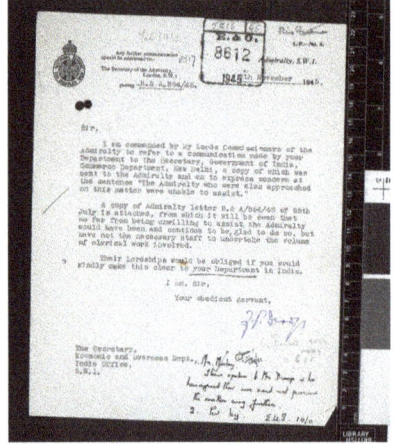

✓ Об'єкт розташовано рівно, лінійка акуратно на краю кадру.

✗ Об'єкт не розташовано рівно в кадрі, лінійка занадто близько.

3. Стандарти зображень

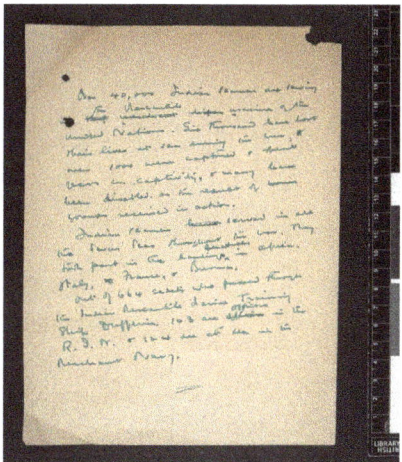

✓ Об'єкт має правильну експозицію.

× Об'єкт переекспоновано. Спробуйте відсунути лампи, використовуючи меншу діафрагму, або дайте більшу витримку, або нижче значення ISO.

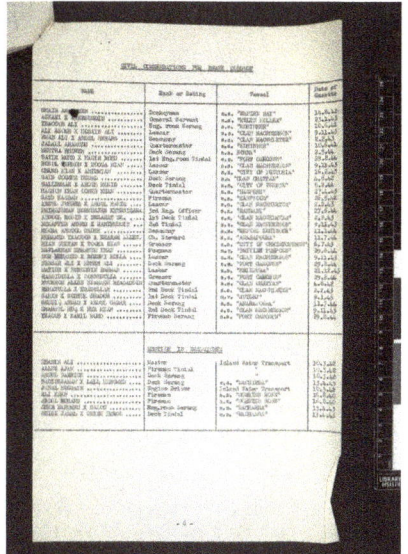
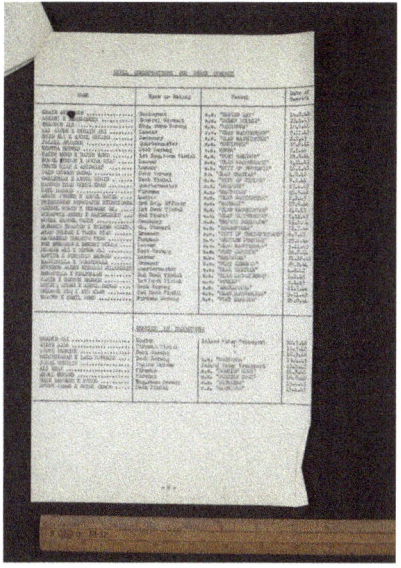

✓ Лінійка знаходиться в порожньому просторі на краю зображення.

× Лінійка не там, де треба, марнування простору.

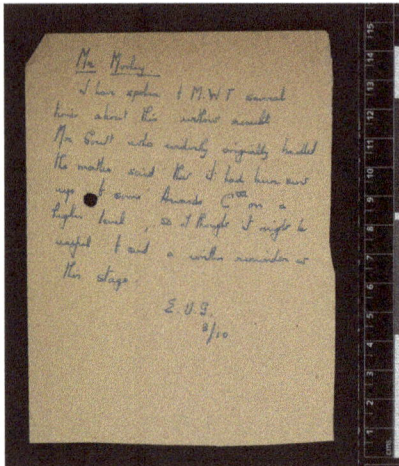 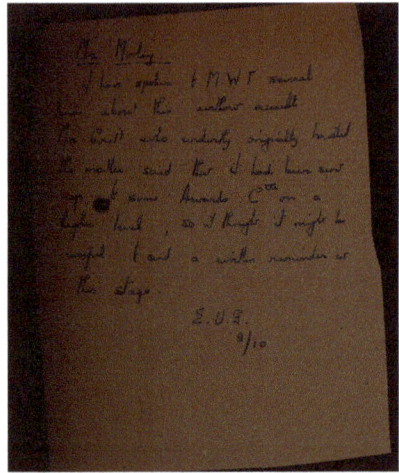

✓ Зображення має правильну експозицію, об'єкт рівно в кадрі, лінійка акуратно на краю.

✗ Зображення занадто темне, не рівно, немає лінійки.

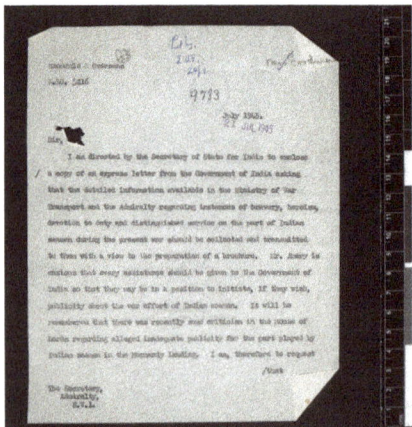 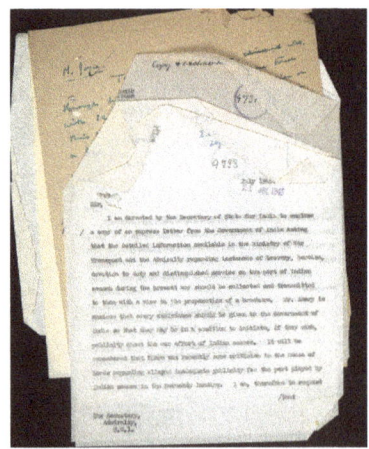

✓ Об'єкт відокремлено від інших, лінійка акуратно розташована збоку.

✗ Предмет не закріплений, але не відокремлений від інших, на зображенні немає шкали.

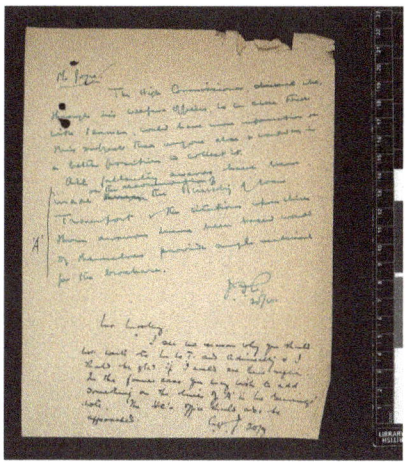
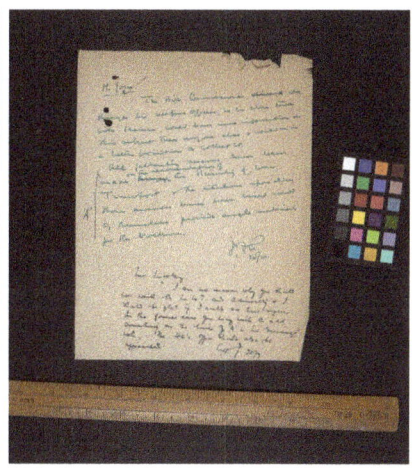

✓ Об'єкт заповнює кадр, лінійка акуратно розміщена збоку.

✗ Об'єкт занадто малий у кадрі, а лінійка і кольорова шкала займають забагато місця.

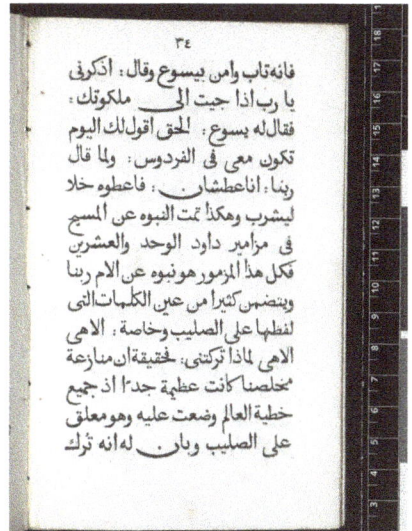
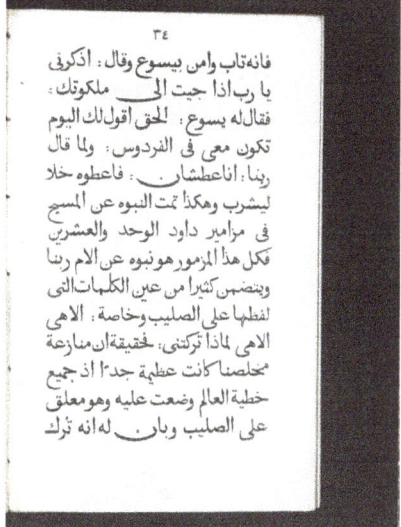

✓ Корінець книги чітко видно, лінійка акуратно розміщена збоку.

✗ Корінець книги не в кадрі, лінійка відсутня.

✓ Об'єкт заповнює кадр, лінійка акуратно розміщена збоку.

✗ Об'єкт занадто малий у кадрі, лінійка і колірна шкала займають занадто багато місця.

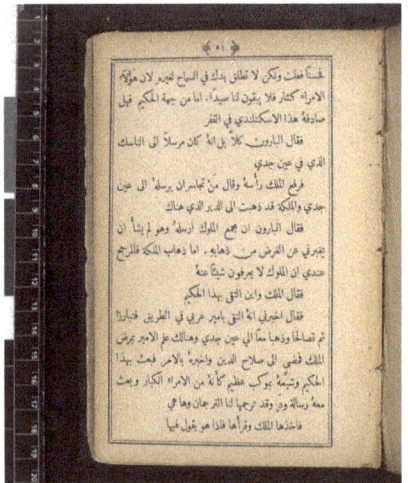 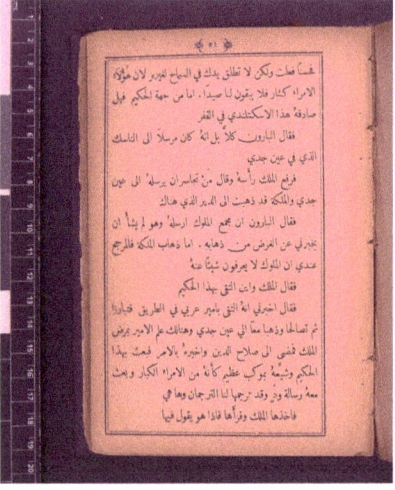

✓ Камера збалансована по білому, тому об'єкт має правильний колір.

✗ Камера не була збалансована по білому, тому колір об'єкту неправильний.

3. Стандарти зображень 97

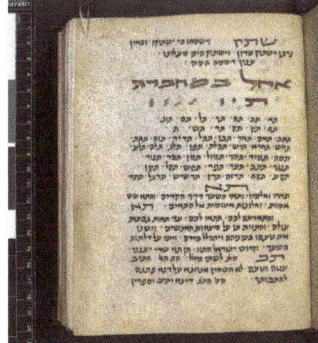 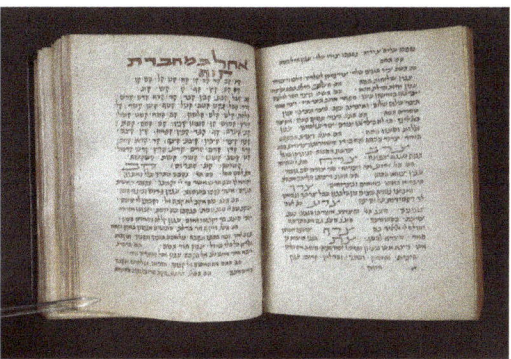

✓ Книга була відкрита не більше, ніж на 120 градусів, і в кадрі одна сторінка.

✗ Книгу було відкрито занадто широко, сторінки не лежать пласко, тому дві протилежні сторінки не на одному рівні, що призводить до спотворення, тіні від корінця та розфокусу.

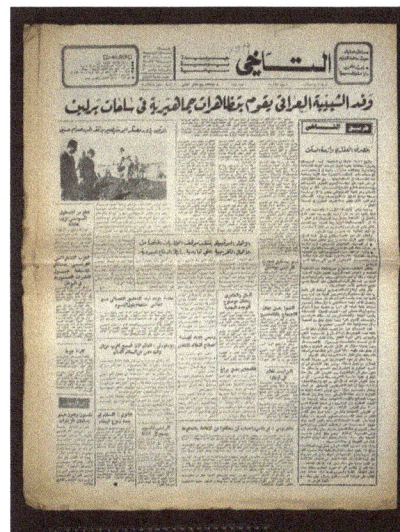 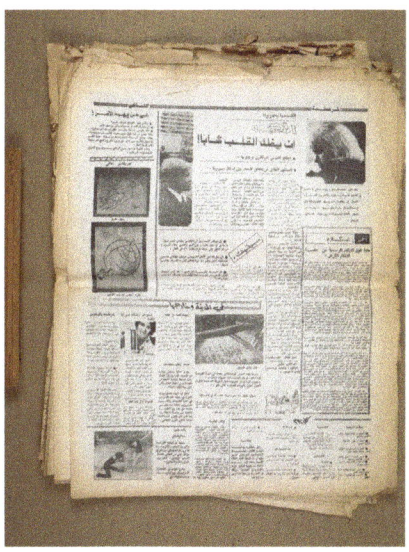

✓ Об'єкт розміщено на чорному тлі і в кадрі.

✗ Фон неправильного кольору, об'єкт занадто малий в кадрі.

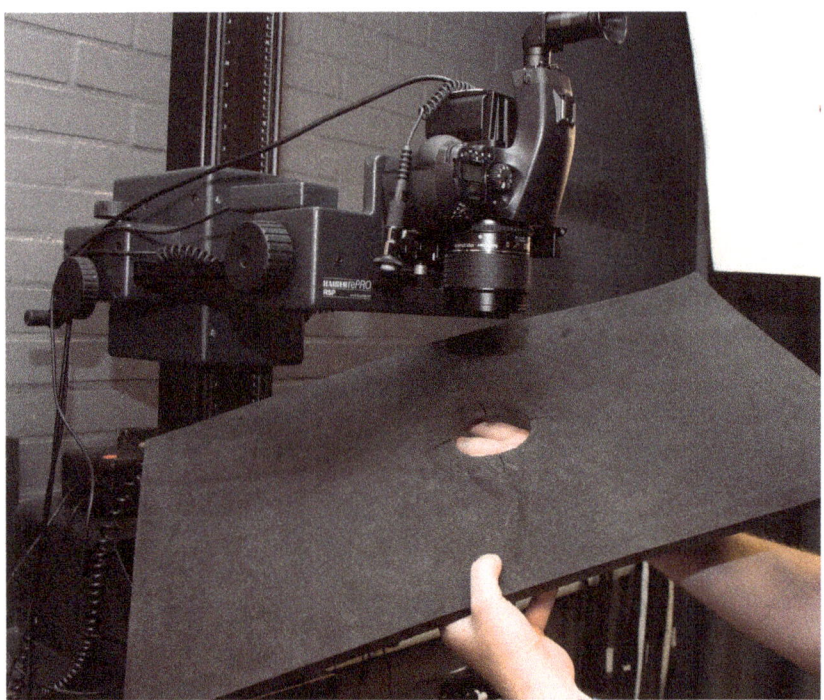

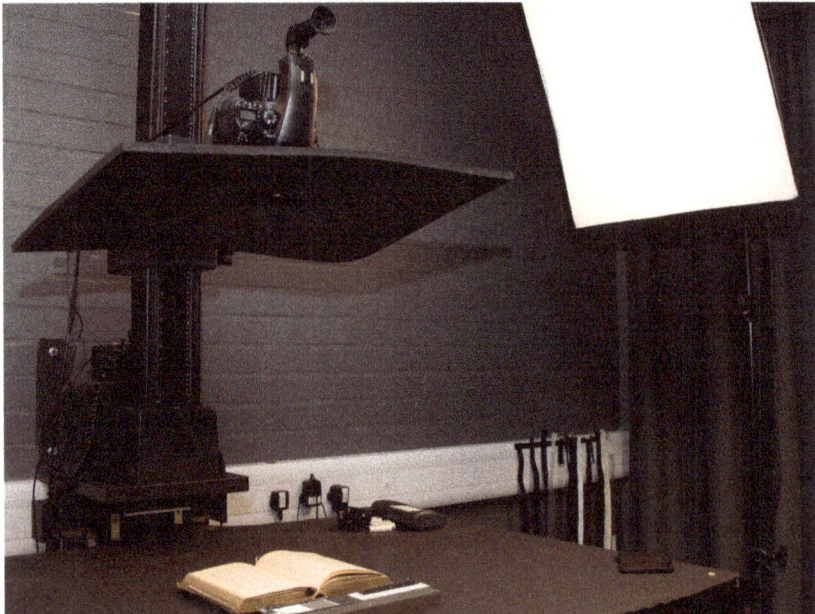

Зображення 29. Запобігання появі світла на зображенні.
Тонкий лист пінопласту, що кріпиться до об'єктива камери, запобігає появі джерела світла на зображенні (в даному випадку лампи). Фото © Elizabeth Hunter, CC BY 4.0.

Як уникнути поширених проблем

Іноді на фотографії можуть з'являтися відблиски від ламп і джерел світла. Щоб уникнути цього, ви можете прикріпити до об'єктива чорну картку або Plastazote, як показано нижче.

Коли ви оцифровуєте книгу в палітурці, важливо підперти найнижчий бік книги, але водночас переконатися, що жодної підпорки не видно. Використовуйте для цього такі матеріали, як Plastazote, пінопласт або чорну картку. Переконайтеся, що у вас є запас цих матеріалів для оцифрування.

Ті ж самі принципи діють, коли ви фотографуєте вкладку з книги. Важливо, щоб вона лежала рівно і щоб матеріали не заважали зображенню. Подивіться на попередні приклади і зауважте, як були зроблені хороші знімки.

На наступних зображеннях показані деякі інші аспекти оцифровування книг:

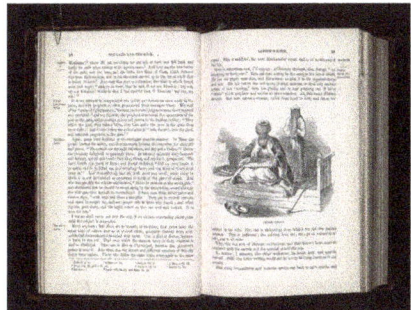 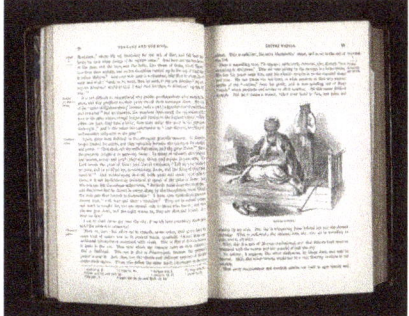

✓

x Якщо корінець книги дає тінь, поверніть книгу на 90 градусів так, щоб світло було навпроти тіні, таким чином усуваючи її. Якщо сторінку потрібно притримувати, використовуйте кінець указки Perspex або будь-якого іншого прозорого твердого пластику.

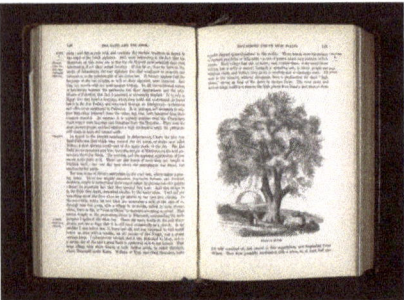 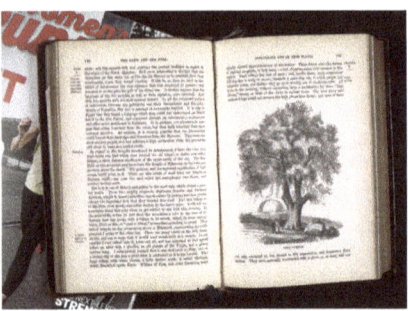

✓ Якщо це необхідно, підпирайте одну сторону книги, а потім використовуйте той самий чорний папір, який ви використовуєте для фону безпосередньо під підпертою стороною книги.

✗ Не використовуйте інші публікації, щоб підперти одну сторону книги.

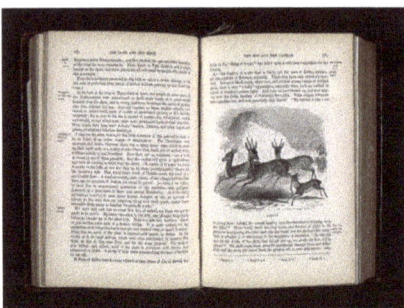

✓

✗ Не розправляйте сторінки пальцями.

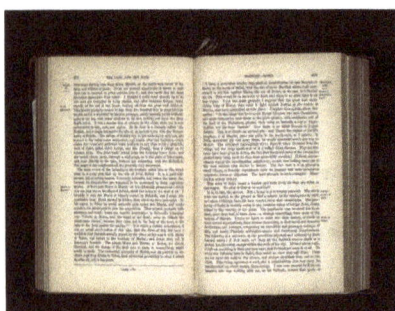 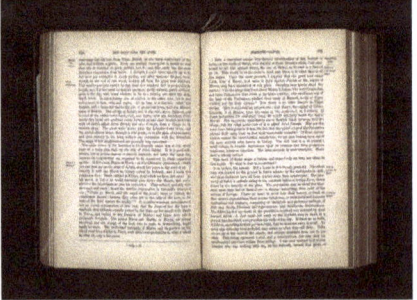

✓ Якщо треба використовувати скло, і є відблиски, візьміть шматок чорного паперу і виріжте в ньому отвір для об'єктива. Зменшення висоти світильників також зменшить віддзеркалення.

✗ Переконайтеся, що джерело світла не дає відблисків. Зверніться до зображення 29 щоб побачити, як це можна зробити.

3. Стандарти зображень *101*

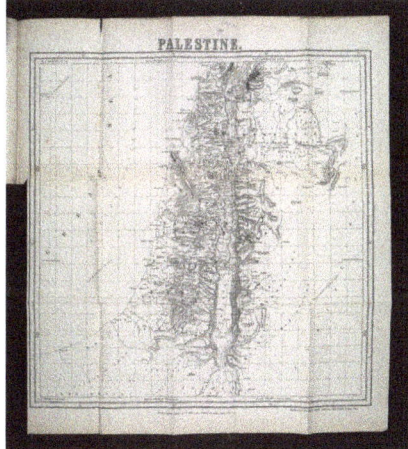

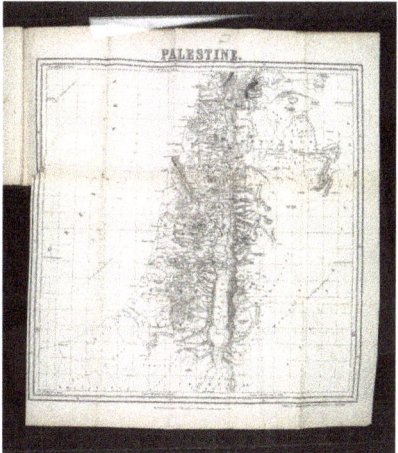

✓

✗ Якщо в книзі є складена вкладка, переконайтеся, що вона лежить пласко.

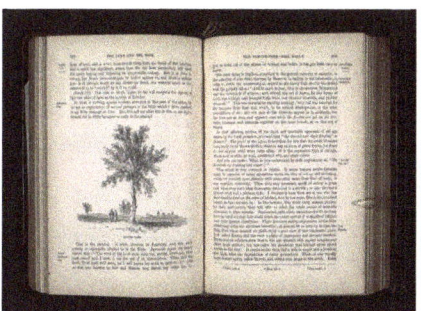

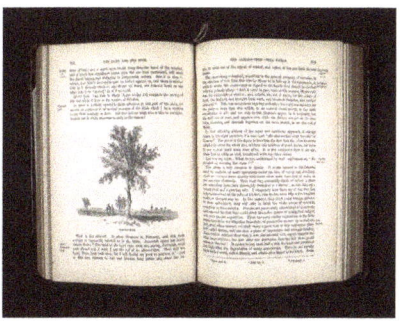

✓ Спробуйте покласти невеликі шматочки пінопласту під краї книги, щоб рівень був однаковим. Якщо треба, притримуйте частини, що піднімаються, прозорою смужкою. Не використовуйте ширококутний об'єктив, бо зображення виглядатиме спотвореним.

✗ Переконайтеся, що сторінки лежать пласко. Якщо треба, використовуйте прозору указку, щоб акуратно натиснути на край сторінки.

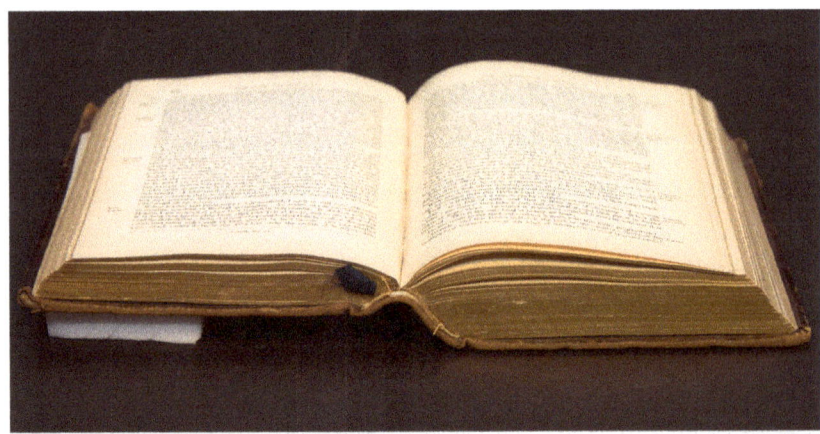

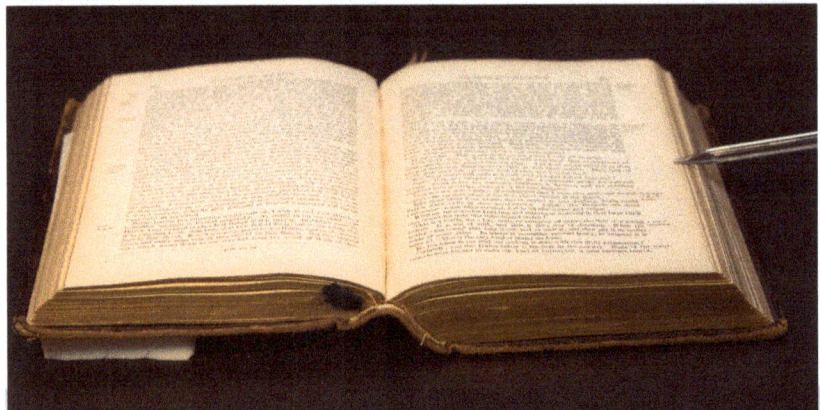

Зображення 30. Пінопласт під переплетеною книгою з жорстким корінцем. Це означає, що вона лежить рівно, а сторінка об'єкта паралельна камері. Використання указки Perspex гарантує, що сторінка не рухатиметься під час фотографування. Фото © Elizabeth Hunter, CC BY 4.0.

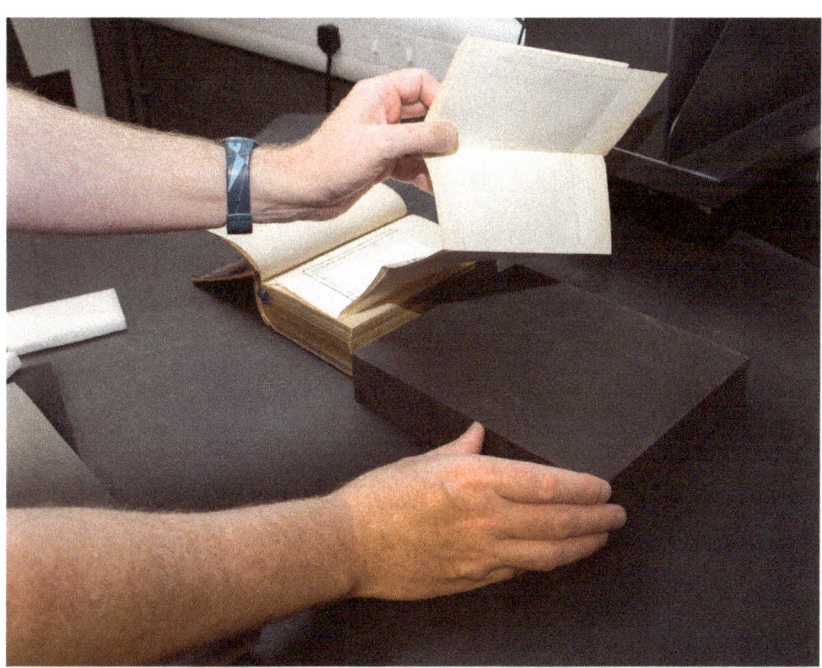

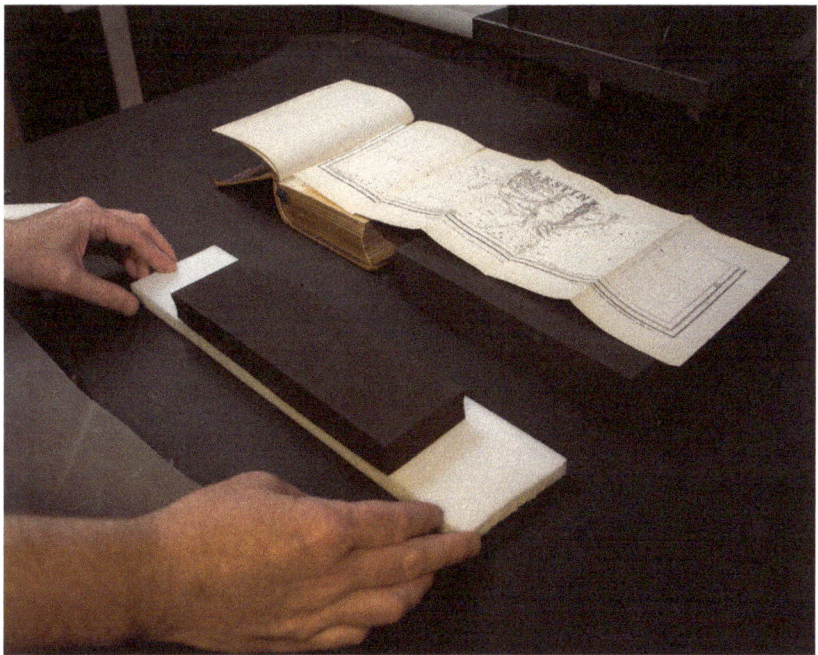

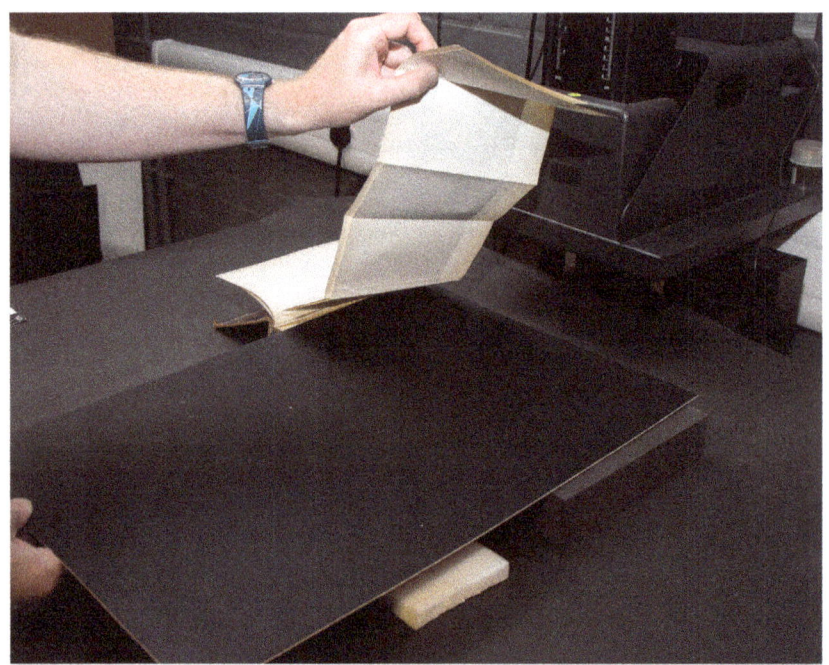

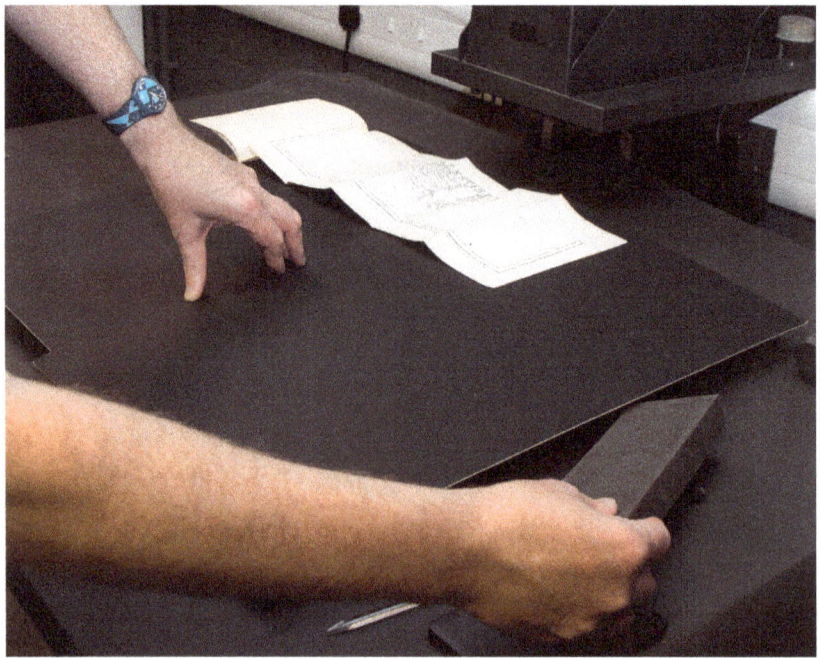

3. Стандарти зображень

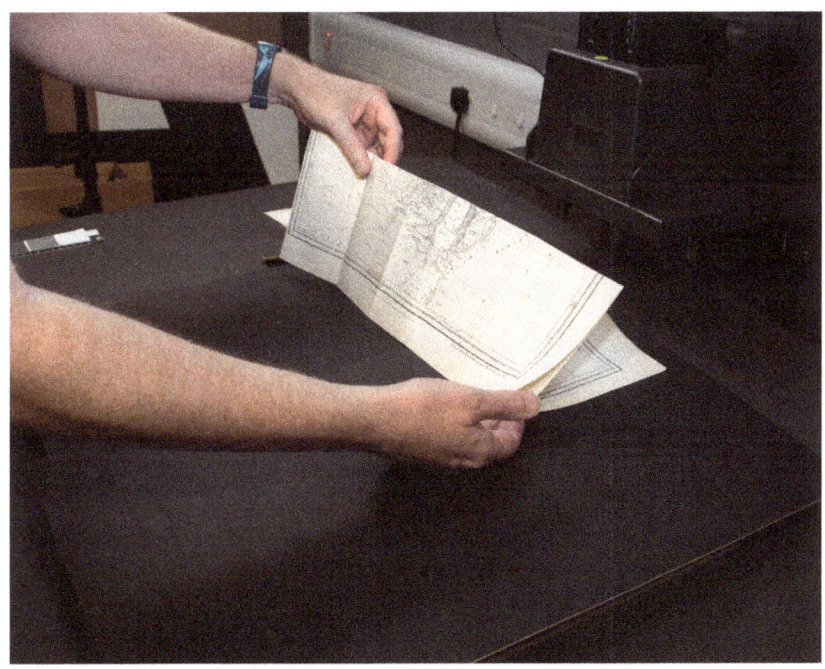

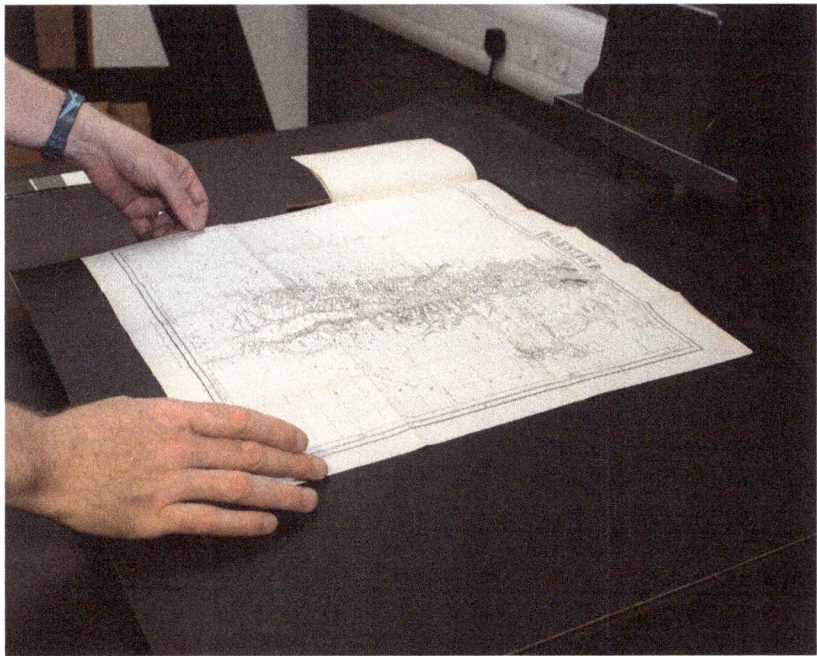

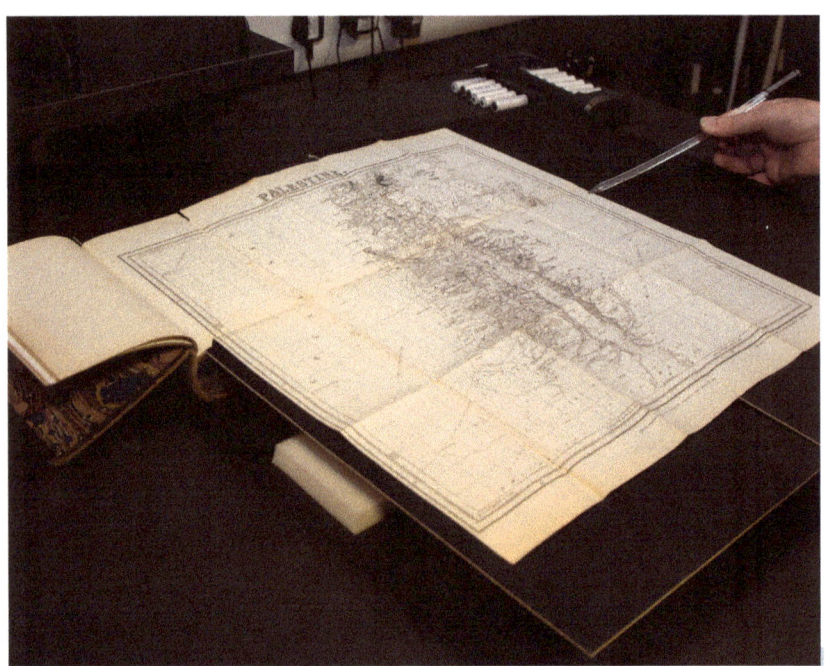

Малюнок 31. Покроковий метод відкриття та розміщення згорнутої карти, вміщеної в переплетеній книги.
Ці послідовні кроки показують необхідність ретельного і систематичного підходу. Фото © Elizabeth Hunter, CC BY 4.0.

4. Догляд за колекцією та робота з документами

Флавіо Марцо

Хоча основна увага в цій книзі приділяється питанням оцифрування, безпека та догляд за цільовими колекціями мають першорядне значення. Тому в цьому розділі подано короткий огляд принципів і методів консервації.

Загальні принципи безпечного поводження з бібліотечними матеріалами

Основна мета **безпечного поводження** в проєктах з оцифрування - звести до мінімуму подальше погіршення стану об'єктів, що оцифровуються.

- **Будь-яке** поводження з об'єктами може призвести до їх пошкодження, оскільки вони піддаються певному зносу.
- **Не поспішайте**. Якщо з об'єктами поводитися необережно, квапливість може пошкодити їх.
- Завжди **піднімайте** об'єкти, а не штовхайте чи пересувайте їх по поверхні.
- Торкайтеся об'єктів якомога менше, виходьте з того, що всі вони є **ветхими** і вимагають відповідного ставлення.
- Не піднімайте і **не носіть забагато** об'єктів в руках.
- Тримайте робоче місце охайним і не залишайте там їжу та напої.

> Власники документів не дозволили розплетати книжки, тому оригінали були сфотографовані як сторінки книги. Оригінали були повернуті в тому ж стані, в якому ми отримали. Така поведінка була важливою для підтвердження довіри з боку архівного партнера.
>
> *Фернандо Валле, EAP726, Перу*

У рукавичках чи без?

- Руки повинні бути **чистими, сухими та знежиреними**. Крем для рук може залишити плями, якщо потрапить на об'єкт.

- Носіння рукавичок, особливо бавовняних, **знижує вправність рук** і **відчуття дотику**, тож об'єкти часто «хапають», що підвищує ризик їхнього пошкодження. Рукавички **можуть збирати бруд** і переносити його на інші об'єкти та пристрої для отримання зображень, отже миття рук є більш ефективним.

- Рукавички слід використовувати при роботі з певними матеріалами, такими як свинцеві пломби та металеві предмети, або при дотику до лакованих поверхонь, як, наприклад, глобусів. Рукавички (бажано нітрилові) іноді використовуються під час перегляду фотографій, які, за можливості, слід розміщувати в захисних чохлах або кріпленнях, щоб уникнути прямого контакту з пальцями. Нітрилові рукавички також рекомендується використовувати при роботі з негативами та скляними пластинами.

- У блозі Британської бібліотеки «Середньовічні рукописи» є корисний допис, в якому це питання обговорюється більш детально і містяться посилання на відео та подальші поради: https://blogs.bl.uk/digitisedmanuscripts/2011/08/white-gloves-or-not-white-gloves.html

Брудний і запилений матеріал

Пилюка на об'єкті може погіршити якість цифрової копії. Не спеціалістам з консервації не слід проводити глибоку обробку, але фотографи або співробітники проєкту можуть виконати легке очищення поверхні. Поверхневий бруд можна видалити, почистивши його м'якою волосяною щіткою. Завжди будьте обережні, щоб не пошкодити поверхню, яку ви чистите. Під час чищення зовнішніх поверхонь томів у палітурці, краї книжкового блоку потрібно чистити від корінця до переднього краю книги так, щоб бруд не потрапляв на шкіряну обкладинку і не пошкодив головку чи хвостик палітурки.

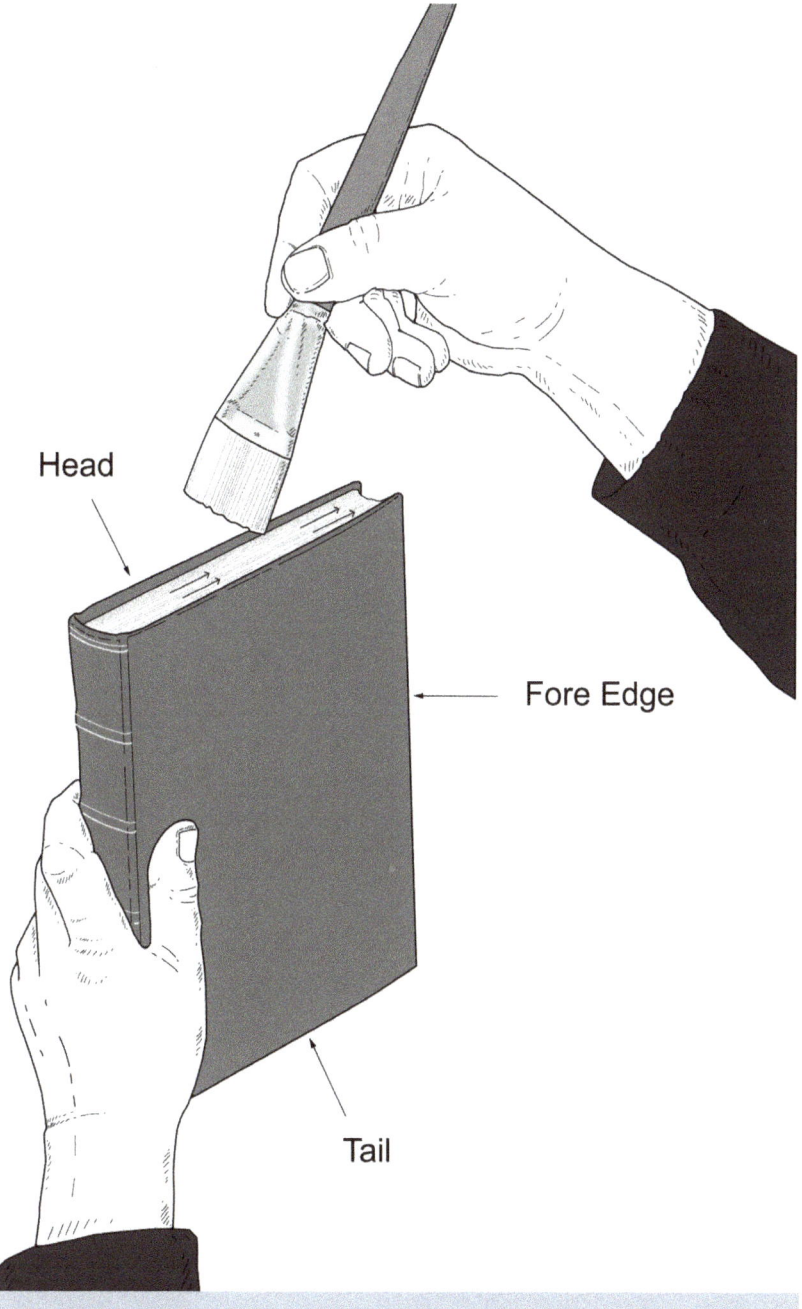

Зображення 32. Діаграма, що показує правильний напрямок очищення переплетеного тому.
Ілюстрація © Anne Leaver, CC BY 4.0.

Фотографії та негативи зі скляних пластин

Обережне поводження. Завжди одягайте захисні рукавички, можливо, з нейлону або латексу, під час роботи зі скляними пластинами, щоб уникнути механічних пошкоджень, таких як поломки, відбитки пальців і подряпини. Рукавички не лише допомагають уникнути забруднення пластин (наприклад, кремами або кислотами зі шкіри), але й захищають руки від їхніх потенційно гострих країв.

Мінімальне очищення. Зведіть очищення до мінімуму. Видаляйте накопичений пил і поверхневий бруд м'якою щіткою. Не обробляйте негативи скляних пластин органічними розчинниками, такими як спирт, або водними розчинами для їх очищення. Щоб видалити більшу частину бруду, перед оцифруванням пластини можна злегка очистити від пилу м'яким пензликом або ручною повітродувкою. Однак важливо врахувати стан скляної пластини перед очищенням від пилу, оскільки пил може пошкодити зображення, якщо емульсія погіршиться або відшарується.

Отримання зображень. Щоб запобігти можливим подряпинам пластин або навіть скла сканера від часточок пилу, можна покласти прозорий поліетиленовий або ацетатний лист на станину сканера. Разом з обережним розміщенням пластин на сканері це захистить як скло сканера, так і пластини від пошкодження.

Скляні негативи (див. стор. 73) можуть зламатися через тиск, що чинить на них кришка сканера під час оцифрування. Цього можна уникнути, злегка піднявши кришку сканера (ідеально - приблизно на 1–5 мм), якщо отвір кришки можна регулювати, або підклавши по краях ложа сканера повсть, пінопласт чи картонні смужки, щоб пом'якшити і підняти кришку. Це також усуне ризик того, що скло прилипне до скла, і коли сканер відкриється, пластина може відпасти від кришки.

Розрізнені аркуші

Архівні файли можуть складатися з окремих сторінок або бути скріпленими між собою. Такі кріплення, як пластикові чи металеві скріпки, шпильки або стрічки, можуть сповільнювати процес сканування і створювати небезпеку для документів під час роботи з ними (наприклад, пошкоджуючи папір під час гортання сторінок). Тому рекомендується інколи їх знімати. Видалення кріплень може підвищити ризик втрати, роз'єднання та розкрадання сторінок, але зробить роботу з ними безпечнішою.

Розміщення файлів у нових теках після видалення кріплень - хороший спосіб зменшити ці ризики. Навіть якщо якісна течка з чотирма стулками не усуне повністю згадані загрози, вона зменшить їх і гарантуватиме набагато безпечніше зберігання документів з розрізненими аркушами.

Переплетені об'єкти

Оцифрування переплетених видань може бути проблемним з огляду на їхню складну структурну природу. Відкрити їх може бути не легко, бо вони щільно зшиті або корінець має товсту підкладку, а це може ускладнити або навіть унеможливити оцифрування, оскільки цілісність об'єктів завжди має бути на першому місці.

Щоб звести до мінімуму пошкодження переплетених об'єктів, фотографувати їх треба сторінка за сторінкою. Мають бути видимими всі поля та стики сторінки. Також, де це можливо, повинні бути видні стібки швейних ниток (середня частина), що може дати візуальний орієнтир для визначення місця знімку в переплетеній частині книги і віртуальної реконструкції переплетеного тома.

Щоб звести до мінімуму роботу з книгою, знімки слід робити від передньої до задньої обкладинки (всі передні аркуші фоліантів), а потім від задньої до передньої (всі зворотні аркуші), щоб том перегортався лише один раз.

Завжди слід використовувати підставку для книги, щоб утримувати переплетений том на місці і тримати його під відповідним кутом, який дозволяє знімати зображення, не напружуючи і не пошкоджуючи структуру книги.

Мета книжкової підставки:

- Щоб переплетений том було зручно відкривати під кутом, що не перевищує 120 градусів.
- Не давати книзі розкриватися, не спричиняючи при цьому пошкодження (стирання/розриви) сторінок під час зйомки, водночас допомагаючи фотографу легко перегортати їх.
- Щоб переміщати весь том, вже закріплений на підставці, без необхідності перетягувати його поверхнею столу.

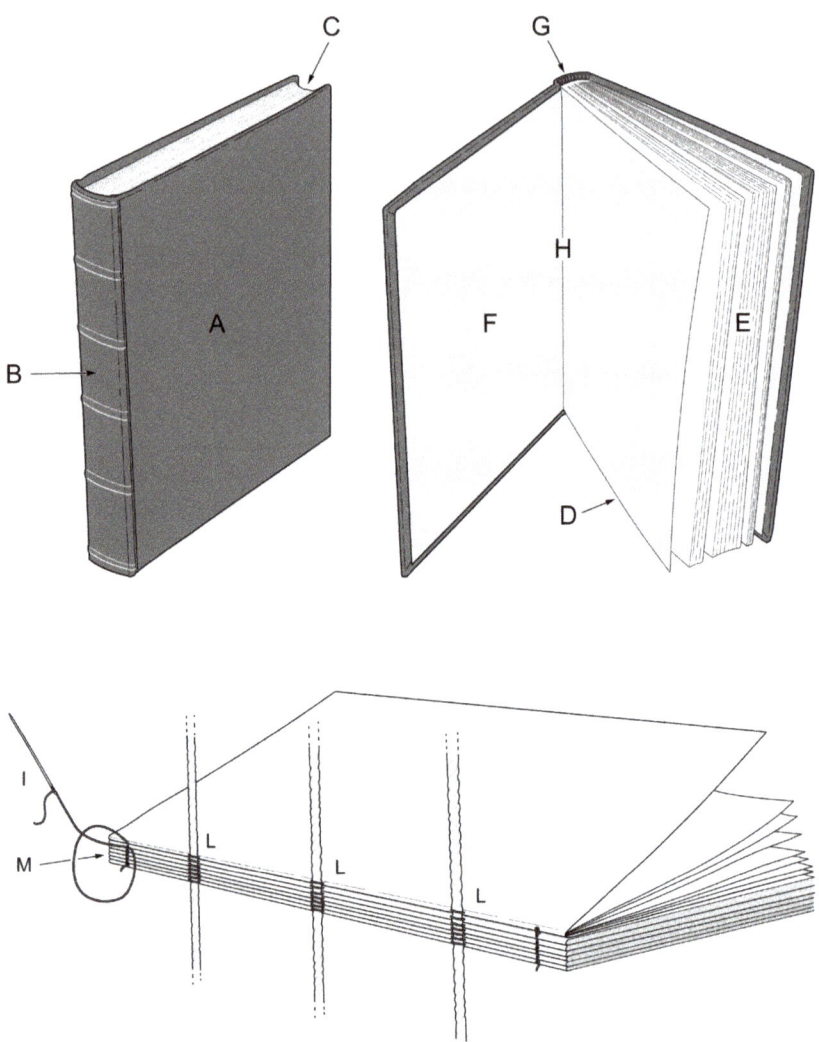

Зображення 33. Схема книги та термінологія книгоперелетення.
(A) Палітурна кришка (це схема переплетень західного стилю, де ліва кришка знаходиться спереду. У переплетеннях ісламського стилю, де текст йде справа наліво, все навпаки); **(B)** Корінець (на малюнку зображено три рельєфні смуги і чотири панелі); **(C)** Верхній обріз книжкового блоку; **(D)** Нижній обріз книжкового блоку; **(E)** Передній обріз книжкового блоку; **(F)** Ліва внутрішня боковина; **(G)** Каптал (обробка торцевого обрізу корінця блоку) і підворот (завертання матеріалу корінця палітурної кришки); **(H)** Лівий внутрішній згин; **(I)** Ниткошвейне скріплення; **(L)** Швейні закріпи (окремі шнури); **(M)** Розрізи. Ілюстрації © Anne Leaver, CC BY 4.0.

Сховище

«Сховище» стосується способу зберігання будь-якого документа, чи то коробка, папка чи будь-що інше, де він міститься. Важливо мати можливість забезпечити найкращі умови для зберігання документів, не витрачаючи при цьому ані часу, ані ресурсів - і те, і інше може бути дуже обмеженим під час роботи в польових умовах або у віддалених місцинах. Облаштоване сховище архівної якості є хорошим рішенням багатьох проблем і може покращити довготривале збереження об'єктів без необхідності витрачати великий час і гроші.

Архівна якість матеріалів, з яких виготовлений пристрій для зберігання, є результатом виробничого процесу, що гарантує його довготривалу хімічну та фізичну стабільність. «Безкислотний» - поширене позначення для цього типу матеріалів, особливо для паперу та картону, хоча це далеко не єдина специфікація, необхідна для того, щоб вони відповідали міжнародним стандартам, таким як ISO 16245:2009 або ISO 9706:1994. Крім паперу та картону, добре зарекомендували себе як матеріали для консервації поліестерні плівки (майлар, мелінекс) і тайвек.

- Можна придбати готові нові папки; папки мають бути міцними, але зручними у використанні та простими у складанні. Дуже хороші папки з чотирма клапанами, виготовлені зі легкого архівного картону, на шнурку та кнопці (кнопках); ці папки повинні мати багато готових ліній уздовж клапанів, щоб їх можна було скласти за розміром документа, який вони мають містити, і таким чином щільно загорнути його.

- Коли документ не використовується, його слід зберігати в коробці або папці. Корпуси папок повинні бути щільно закриті, щоб всередині ніщо не рухалося, але водночас вони не повинні бути надто щільними, щоб надмірний тиск не призвів до деформації предмета.

5. Робочий процес оцифрування

У цьому розділі йдеться про робочий процес проєкту з оцифрування. Розглядається весь процес, починаючи від підготовки, і далі оцифрування, експорту файлів, резервного копіювання та остаточного депонування цифрового архіву. Це треба вважати рекомендаціями, а не директивою, оскільки кожен проєкт дещо відрізнятиметься від іншого. Перші елементи робочого процесу, мабуть, найбільш ймовірно зазнаватимуть змін. Те, що представлено тут, стосується оцифрування колекції, яка зберігається в одному сховищі, і де матеріали оцифровуються в одному центральному місці. Очевидно, що в пересувному проєкті, коли фотограф подорожує, щоб дістатися до документів, домовленості мають бути іншими, і системи реєстрації переміщення документів, ймовірно, будуть неактуальними.

Процес можна розділити на п'ять етапів:

- підготовка;
- створення цифрових зображень;
- перейменування та впорядкування цифрових зображень;
- експорт цифрових зображень;
- резервне копіювання.

Щоб дізнатися більше про процес оцифрування, див. також цифровий додаток 3 на сайті https://doi.org/10.11647/OBP.0138.11

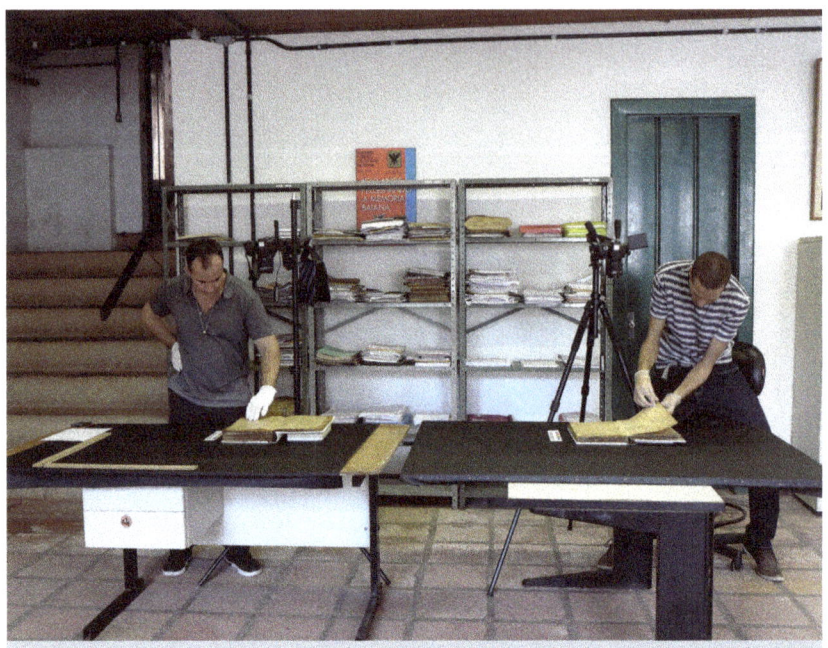

Зображення 34. EAP703, Оцифрування нотаріальних книг у Баїя, Бразилія.
Фото © João Reis, CC BY 4.0.

Підготовка

Цей етап передбачає роботу з оригінальною колекцією, щоб підготувати її до оцифрування. Він також включає налаштування систем, які відстежуватимуть місцезнаходження окремих документів та хід проєкту в цілому.

Вибір колекції

Якщо дозволяють обставини, бажано оцифровувати колекцію, склад якої зрозумілий, і яка є достатньо добре впорядкованою. Просто кажучи, це означає, що кожен документ у колекції відомий і може бути оцифрований. У щоденній роботі це робить пошук окремих документів швидким і простим завданням, на відміну від неефективної, трудомісткої роботи, що забирає багато часу.

Якщо проєкт має справу з каталогізованою колекцією, яка існує в добре організованому архіві, ця робота не буде потрібною. Однак у нерозсортованій колекції треба мати принаймні перелік назв окремих томів. Без цього буде неможливо відстежувати загальний прогрес або навіть знати, коли завдання оцифрування буде виконано.

Хоча цей перелік є важливим, зрозуміло, що обставини не завжди дозволяють фізично реорганізувати колекцію. Наприклад, місце зберігання може бути замалим, або ж власник документів може не дозволити вам переміщувати їх. Якщо ситуація така, доведеться впоратися з нею якнайкраще.

Системи контролю

Відстеження документів. Якщо документи вивозять зі сховища, а особливо якщо їх перевозять до іншого місця для оцифрування, необхідно мати контрольний журнал для відстеження їхнього місцезнаходження. Це важливо, тому що

- він показує, де знаходиться кожен документ у будь-який момент часу;
- він захищає власника оригіналу, який випускає документ з-під свого контролю;
- він захищає вас, оскільки ви отримуєте документ, а отже, несете відповідальність за його збереження.

Таке відстеження можна забезпечити за допомогою простої форми реєстрації переміщення документів, приклад якої наведено на зображенні 35. Тут для кожного окремого документу є пара підписів, необхідних, коли він вилучається з архіву, і друга пара підписів, коли документ повертається. Якщо ця форма використовується завжди, ніколи не буде сумнівів щодо того, який документ де знаходиться, або хто в цей момент несе за нього відповідальність. Якщо документ зникне, форма покаже дату його переміщення і останнє відоме місцезнаходження.

Паралельний захід - вставити маркер з етикеткою на місце на полиці, з якої було знято предмет. Це знову ж таки чітко покаже, який предмет відсутній. Коли його повернуть, маркер знімається.

Якщо це доцільно, підписанти можуть також перевірити стан документу під час його видачі та повернення. У разі виявлення будь-яких пошкоджень, це може вказати на момент, коли вони виникли (і, відповідно, хто відповідав за збереження). Однак слід бути обережним, оскільки початковий стан і подальші «пошкодження» може бути важко визначити або узгодити, особливо якщо одна зі сторін не бачила документ протягом тривалого часу. Система повинна існувати лише для того, щоб виявляти документи, які були у вочевидь поганому стані на момент видачі, і фіксувати будь-які грубі випадки пошкодження документу під час його поверненні.

Document name	Date removed from archive	Signed: Archivist	Signed: Project staff	Date returned to Archive	Signed: Archivist	Signed: Project staff
WILLS 1763-87	2/2/16	*подпис*	*підпис*	4/2/16	*підпис*	*підпис*
COMMON RECORDS	4/2/16	*підпис*	*підпис*	5/2/16	*підпис*	*підпис*
SUPREME COURT 1874	8/2/16	*підпис*	*підпис*	10/2/16	*підпис*	*підпис*
SHIPS BONDS 1787-94	10/2/16	*підпис*	*підпис*	13/2/16	*підпис*	*підпис*
WILLS 1787-1805	13/02/16	*підпис*	*підпис*			

Зображення 35. Приклад форми відстеження документа.
Фото © Andrew Pearson, CC BY 4.0.

Document name	Digitized	Checked	Feedback	Corrections supplied	Exported (to TIFF)	Checksums created	Backed up	To British Library	Comments
Deed Book 1770	✓	✓	✓	n/a	✓	✓	✓	✓	
Deed Book 1771-72	✓	✓	✓	✓	✓	✓	✓		Pp. 25 and 26 out of focus; replacement images taken.
Deed Book 1776	✓	✓	✓	n/a	✓	✓			
Wills 1780-82	✓	✓	✓	awaited					p. 92 missing; new image requested
Deed Book 1777	✓								
Deed Book 1788-89	✓								

Зображення 36. Приклад форми відстеження оцифрування.
Ілюстрація © Andrew Pearson, CC BY 4.0.

Відстеження проєкту. Цей елемент відстеження призначений виключно для внутрішнього використання в рамках проєкту. Він складається зі списку, що містить всі елементи, які підлягають оцифруванню, і кожний рядок відображає стан виконання певного документу. Точна структура форми буде варіюватися залежно від проєкту. У прикладі на малюнку 36 форма стосується ситуації, коли цифрові фотографії роблять місцеві працівники, а потім їх перевіряє їхній безпосередній керівник (у цьому випадку - директор проєкту). Замість того, щоб роздруковувати і підписувати вручну (як у випадку з аркушем відстеження документів), з цим документом краще працювати в комп'ютері, оскільки він буде постійно змінюватися.

Точна структура форми буде змінюватися залежно від проєкту. У цьому прикладі форма стосується ситуації, коли цифрові фотографії роблять місцеві працівники, а потім їх перевіряє їхній безпосередній керівник (у цьому випадку директор проєкту). Надається коментар щодо цифрових зображень (наприклад, виявляються будь-які проблеми з якістю або композицією), і, якщо виявлено помилки, буде зроблено нові зображення. У колонці щодо резервного копіювання вказується система резервного копіювання проєкту, а в наступній колонці записується, чи було перенесено зображення, призначене для цього документа, на сервер Британської бібліотеки. Лише тоді, коли всі позначки буде проставлено (як у випадку з Актовою книгою 1770 року), роботу над документом можна вважати завершеною.

Транспорт

Це питання буде актуальним, лише якщо оцифрування здійснюється не в місці зберігання документів. У такому випадку варто заздалегідь продумати логістику, наприклад:

- Як далеко потрібно буде переміщати документи? Чи можете ви нести їх в руках, або ж потрібний транспортний засіб?
- У чому ви будете перевозити документи? Вони вже знаходяться у відповідних упаковках (наприклад, в архівній коробці хорошої якості), чи доведеться щось купувати/приносити для цього?
- Скільки документів ви будете перевозити одночасно (а отже, вони не знаходитимуться у звичному місці зберігання)? Які ще фактори можуть обмежувати або впливати на процес
- транспортування? Наприклад, чи працює архівне сховище лише в певні години або в певні дні? Чи в місці вашої роботи бувають сильні дощі або інші несприятливі погодні умови, через що переміщення документів у певний час (і, можливо, протягом тривалого періоду) може бути неприйнятним?

Створення цифрових зображень

Налаштування

- Створіть в комп'ютері папку для цифрових зображень цього документа.
- Увімкніть камеру та світло.
- Якщо ви використовуєте зйомку з комп'ютером, активуйте програмне забезпечення та вікно Live View.
- Встановіть налаштування камери (формат зображення, діафрагму, витримку, ISO - за потреби).
- Якщо ви використовуєте зйомку з комп'ютером, вкажіть папку призначення для зображень.
- Розкладіть документ, готовий до фотографування, і покладіть картки для перевірки кольору.

Фотографування

- Зробіть ідентифікаційний знімок.

Це форма, в якій ви записуєте деталі документа, що підлягає оцифруванню. Вона забезпечує основний засіб ідентифікації цифрових зображень, які будуть зроблені: навіть якщо файли згодом будуть невірно названі, ця форма дозволить вам побачити, якого документу вони стосуються. Як мінімум, у формі слід вказати назву та/або код проєкту, а також назву, заголовок або код документу. Корисною може бути й інша інформація, наприклад, дата оцифрування та ім'я фотографа, а також будь-які інші коментарі, які ви захочете записати (наприклад, про стан документу або обставини фотографування).

- Почніть фотографувати документ, починаючи з корінця і передньої обкладинки для переплетених томів.[1]

- Після 10 фотографій перевірте за допомогою браузера зображень: чи мають зображення правильний формат? Чи влаштовує вас розташування документу? Чи хороша якість зображення і фокусування? Якщо так, можете переходити до решти документу. Якщо вас щось не влаштовує, видаліть зображення, зробіть необхідні виправлення і перезнімайте від самого початку.

- Продовжуйте фотографувати до кінця документу, закінчуючи задньою обкладинкою для переплетених томів.

- Сфотографуйте аркуш з умовами/коментарями.

Ця остання форма має кілька функцій. По-перше, вона чітко показує, що оцифрування цього тому завершено (це очевидно щодо томів в оправі, але зовсім не так ясно щодо не переплетених документів). По-друге, це корисне місце для запису деталей, необхідних для каталогізації, зокрема, фізичних характеристик документу, наприклад, кількості сторінок або фоліантів і розмірів тому. Нарешті, оскільки кожна сторінка була перед вашими очима, ви можете записати будь-які інші спостереження, зроблені під час фотографування, наприклад, загальний стан документа, наявність або ступінь пошкодження водою чи комахами.

---

1 Альтернативний метод фотографування, який передбачає фотографування спочатку всіх непарних сторінок, а потім парних сторінок у зворотному порядку, описаний у цифровому додатку 1. Хоча цей метод складніший і потенційно може привести до помилок, він має перевагу в тому, що зменшує кількість маніпуляцій, необхідних під час процесу фотографування.

Перевірка та виправлення

- Відкрийте фотографії в браузері зображень.
- Перегляньте порядок файлів і переконайтеся, що жодної сторінки не оминули (це легко зробити, перевіривши, що проміжок між смугами в переплетеному томі чергується з кожним зображенням).
- Визначте зображення, якість, розташування або різкість яких не відповідають вимогам.
- Перефотографуйте всі відсутні сторінки та сторінки з помилками.

Якщо ви робите знімок на заміну попереднього, той файл потрібно видалити, а нове зображення вставити в ідентичне місце. (Наприклад, якщо фотографія сторінки 72 є невірною, треба видалити її, а потім перейменувати нову фотографію так, щоб вона з'явилася в послідовності файлів між зображеннями сторінок 71 і 73).

Перейменування та впорядкування цифрових зображень

На цьому етапі назви файлів змінюються з тих, що генеруються камерою (наприклад, DSC 001), на назви, характерні для документа, який ви сфотографували. Перейменовувати файли вручну непрактично, тому існують прості програмні пакети, які можуть виконувати цю операцію для великих партій файлів.

- Імпортуйте файли до програми для пакетного перейменування.

На цьому етапі ви маєте переконатися, що послідовність файлів відсортовано правильно - тобто, що вона починається з ідентифікаційного знімка і продовжується сторінка за сторінкою до задньої обкладинки та кінцевої форми. Сортувати можна за назвою, датою/часом зйомки або за характеристиками (наприклад, типом файлу, розміром). **Дуже важливо, щоб ваш послідовний ряд був відсортований за назвами файлів**, оскільки в іншому випадку ваші файли можуть впорядкуватися в іншій послідовності - тобто в такій, що не матиме нічого спільного з порядком оригінального документа.

- Вкажіть нову назву, яку буде застосовано до послідовного ряду.

Зазвичай він складається з коду проєкту та назви документу, за якими йде номер фотографії. Таким чином ви створюєте унікальний ідентифікатор для кожного з файлів, який не буде повторюватися в межах вашого проєкту або в інших проєктах. Так, наприклад, в проєкті EAP 794 фотографії для Актової книги 1834 року називаються EAP794_Актова_книга_1834_001, далі йдуть 002, 003 і так далі.

> ### Обробка і редагування
>
> Обробка та редагування - це два різні процеси. Цифрова обробка включає в себе коригування зображення, наприклад, кольору або контрасту, подібно до того, як обробляється плівка в темній кімнаті. Зміни вносяться, але фактичний зміст зображення залишається незмінним. Це відрізняється від редагування, де змінюється сам зміст, наприклад, за допомогою аерографії. З огляду на те, що метою оцифрування архіву є точна фіксація артефакту та його інформації, внесення будь-яких подібних змін або вилучень є абсолютно неприйнятним.

Обробка та експорт цифрових зображень

На цьому етапі RAW-файли експортуються у відповідний вихідний формат (для проєктів EAP це завжди TIFF). При цьому створюється паралельний набір файлів: оригінальні RAW-файли не перезаписуються.

Імпорт

- Імпортуйте файли до програми обробки фотографій (наприклад, Lightroom).
- Переконайтеся, що послідовний ряд відсортовано за назвою (як зазначено вище, а не за датою/часом зйомки чи будь-яким іншим показником).

Обробка (необов'язковий етап)

- Якщо потрібно, поверніть зображення у правильне положення. (N.B. EAP очікує, що всі зображення будуть надіслані в правильному положенні).
- Виконайте необхідну обробку.

Програмне забезпечення для обробки зображень дозволяє вносити численні корективи, які можна порівняти з процесами проявлення плівкових фотографій в темній кімнаті. Як правило, для проєктів EAP виконується лише найпростіша обробка: наприклад, корекція колірного балансу (за допомогою вибірки колірної контрольної карти) або калібрування об'єктива (яке можна використовувати для вирівнювання зображень, які були викривлені в процесі ширококутної зйомки - хоча лише до певної міри). Втім, наскільки це можливо, уникайте цього кроку або виконуйте його мінімально: «розробляючи» зображення, ви можете зробити їх приємнішими (принаймні для вашого ока), але ризикуєте віддалити їх від оригіналу, який, зрештою, ви намагаєтесь зафіксувати. Майте також на увазі, що організація, яка приймає або фінансує проєкт, може не прийняти зображення, до яких було застосовано надмірну або невідповідну обробку.[2]

---

[2] Це включає EAP.

Експорт

- Створіть папку призначення для зображень, які потрібно до неї експортувати.
- Експортуйте зображення в потрібний формат.
- Після завершення процесу експортування (це може зайняти кілька годин, залежно від кількості файлів) перевірте результат: чи правильний тип файлу, із зазначеними характеристиками? Чи є правильна кількість файлів? Чи вірний порядок файлів?

Створення контрольних сум

Контрольні суми використовуються для забезпечення цілісності файлу після його перенесення з одного пристрою для зберігання даних на інший: наприклад, коли ваш первинний набір даних копіюється на будь-який зовнішній резервний накопичувач. Контрольна сума створюється за допомогою програми-калькулятора контрольних сум і додається до відповідного набору даних (контрольна сума може бути створена для одного файлу або для групи файлів: наприклад, для повної теки фотографій). Програма контрольних сум може бути використана будь-коли пізніше для перевірки цілісності даних (чи то оригінального набору даних, чи то копії або резервної копії). Програма порівнює контрольну суму з даними: навіть незначна зміна в наборі даних призведе до зовсім іншого значення контрольної суми, і буде згенеровано звіт про помилку. Програма також показуватиме і серйозніші зміни, наприклад, відсутній файл.[3] **EAP вимагає, щоб до кожної цифрової папки зображень була додана контрольна сума**.

Резервне копіювання

Втрата даних - неминуча реальність цифрової епохи. Кожен, хто читає цю книгу, втрачав електронні файли, чи то останню версію документу, кілька особистих фотографій, чи щось більш значне.

Метою оцифрування архівів є збереження інформації, що міститься в документах, які перебувають під загрозою знищення через природні або людські дії. Деякі колекції можуть не вижити навіть у найближчому майбутньому; інші можуть зберігатися в настільки поганому стані, що

---

3   Застереження: деякі комп'ютерні застосунки можуть іноді додавати до папки «приховані» файли: наприклад, Windows Explorer може додати файл thumbs.db після перегляду файлів. Якщо такі файли присутні, програма перевірки контрольної суми покаже невідповідність, навіть якщо всі файли зображень присутні і не пошкоджені.

сфотографувати їх вдасться лише один-єдиний раз. Тому вкрай важливо, щоб дані, отримані в результаті оцифрування будь-якої фізичної колекції, були захищені від втрати.

Комерційні компанії та наукові установи мають складні системи зберігання даних, як внутрішні, так і зовнішні, якими управляють і які підтримують спеціалісти. Зрештою, цифрові дані вашого проєкту будуть перенесені до таких систем і, якщо не стануться значні катастрофи, будуть надійно захищені. У цьому розділі розглядається попередній період, коли дані створюються вашим проєктом і перебувають у його виключному володінні. Це етап, на якому дані є найбільш вразливими.

Принципи

Резервне копіювання - це важливий процес, який повинен робити кожен, щоб мати надійний захист від збоїв. Принцип полягає у створенні копій певних даних для того, щоб використовувати ці копії для відновлення інформації, якщо станеться збій, чи то через видалення, пошкодження, крадіжку або зараження вірусами. Нижче наведено деякі основні принципи:

- **Створюйте резервну копію** якомога швидше. Ніколи не задовольняйтеся надовго тим, що маєте єдину копію, де б вона не зберігалася - на карті пам'яті камери, в комп'ютері, на компакт-диску чи зовнішньому жорсткому диску.

- **Розподіляйте копії**. Навіть якщо ви зробили декілька копій, набір даних так чи інакше наражатиметься на ризик, доки вони зберігаються в одному місці. Подумайте про те, як запобігти очевидним найгіршим сценаріям. Якщо вашу сумку загубили або вкрали під час подорожі, чи втратяться разом з нею всі ваші дані? Чи може пожежа у вашому будинку знищити всі ваші копії? Працюючи в польових умовах, подумайте, як можна уникнути цього ризику, особливо щодо втрат під час транспортування. Як мінімум, розподіліть копії між валізами (включаючи ручну поклажу та багаж), а в ідеалі - між кількома людьми. Є й інші варіанти:

  ▫ Залишити копію в когось із місцевих, щоб потім забрати її або отримати поштою, якщо ваші копії будуть загублені або знищені.

  ▫ Завантажити дані до Dropbox або на вебсайт для обміну даними.

  ▫ Надіслати собі другу копію даних.

- **Тримайте під контролем** резервні копії. Зберігайте первинний набір даних, з якого створюються всі резервні копії. Мало сенсу робити багато копій, якщо це робиться настільки хаотично, що немає жодного уявлення про те, яка з версій є поточною та найновішою.

- **Використовуйте програмне забезпечення для резервного копіювання**. Існують прості та недорогі програми для копіювання даних. Ніколи не використовуйте ручні методи «копіювати/вставити» або «перетягнути/скинути»: з ними занадто легко припуститися помилок.

Типи резервного копіювання

Існує три основні форми створення копії даних (реплікації): резервне копіювання, дзеркальне копіювання та синхронізація. У подальшому обговоренні оригінальний набір даних називається джерелом; а місце, куди він копіюється, називається місцем призначення.[4]

Спочатку реплікація починається з простого процесу копіювання, коли файли з джерела дублюються в новому порожньому місці призначення. Після цього різні типи реплікації призведуть до різних результатів.

Синхронізація

У режимі синхронізації файли копіюються в обох напрямках (від джерела до місця призначення і навпаки), створюючи ідентичні набори даних з усім, що міститься в обох сховищах. Цей тип копіювання зазвичай використовується в домашніх умовах, зокрема для музичних колекцій. Однак, він не рекомендується для копіювання даних з проєкту оцифрування, оскільки бажано мати односторонній процес від вашого набору даних з джерела (який ви, можливо, змінюватимете та оновлюватимете) до місця призначення.

Резервне копіювання

Цей метод копіює файли в одному напрямку: від джерела до місця призначення. Він не передбачає видалення файлів. Тому після початкового копіювання місце призначення не буде дублікатом вихідного набору даних. Швидше за все, місце призначення буде більшим і міститиме файли, які були видалені або перейменовані в джерелі. Резервне копіювання має ті переваги, що випадково видалені з джерела дані можуть бути відновлені з місця призначення. З іншого боку, з плином часу резервні копії стають дедалі більшими, оскільки включатимуть численні зайві або застарілі файли, які були навмисно видалені з джерела.

---

4   Наведені тут визначення взяті з вебсайту програми для резервного копіювання Syncback.

Дзеркало

Дзеркало - це резервна копія, яка також повторює на місці призначення видалені (точніше, «відсутні») з джерела файли (тобто видаляє «сиріт»). Таким чином, дзеркальне копіювання гарантує, що місце призначення містить такі ж файли, як і джерело, і нічого більше. Це не те саме, що просте резервне копіювання, оскільки воно видаляє файли. Воно також відрізняється від синхронізації, оскільки копіює файли лише в одному напрямку.

Використання дзеркального методу вимагає прийняття ризику того, що випадково видалені файли з джерела також будуть видалені на місці призначення. Якщо ви видалите файл помилково і не зрозумієте цього до наступного запуску резервного копіювання, цей файл буде безповоротно втрачено. Перевагою цього методу є те, що він створює мінімальний за розміром набір даних, який міститиме лише поточні файли проєкту.

Таблиця 4. Зведення правил резервного копіювання На основі описів профілів з Syncback SE.

Резервне копіювання	Дзеркало
Файли буде скопійовано з джерела до місця призначення	Файли будуть віддзеркалені з джерела до місця призначення
Якщо один і той самий файл було змінено як у джерелі, так і в місці призначення, то файл у джерелі замінить файл у місці призначення	Якщо один і той самий файл було змінено як у джерелі, так і в місці призначення, то файл у джерелі замінить файл у місці призначення
Файли, що є лише в джерелі, копіюються до місця призначення	Файли, що є лише в джерелі, копіюються до місця призначення
Якщо файл знаходиться лише у місці призначення, він ігнорується	Файли, що є лише в місці призначення, видаляються

Резервна копія чи дзеркало?

Користувачі повинні вирішити, який метод - резервне чи дзеркальне копіювання - є найбільш доречним. Як зазначалося вище, обидва способи мають свої переваги та недоліки. Однак їх обидва можна використовувати паралельно.

Базовий, «ручний» метод полягає у створенні двох пунктів призначення, один з яких є резервною копією, а інший - дзеркалом. Це робить процес керування даними дещо складнішим, але дозволяє використовувати найкращі властивості як резервної, так і дзеркальної копії. На місці призначення резервної копії ви матимете повний набір даних кожного файлу, який ви коли-небудь створювали, що дозволить відновити випадково видалені файли; на дзеркалі ви матимете набір даних, який можна використовувати для відновлення поточних даних, і який є «чистою» копією набору даних, що може бути переданий до установи замовника (який не захоче мати зайвих файлів).

Той самий процес можна виконати автоматично за допомогою певних програм для резервного копіювання. Протоколи резервного копіювання можна налаштувати таким чином, що при зміні/видаленні файлу у джерелі він також буде змінений/видалений у місці призначення, *але також буде* покладений в окрему директорію. Ця директорія слугує страховкою від випадкових змін і видалень, хоча, звичайно, це збільшує (можливо, дуже суттєво) обсяг резервних копій даних.

Ніколи не довіряйте нікому (в тому числі іншим членам команди) жорсткий диск з даними за день, доки не скопіюєте вміст у безпечне місце. Потім зробіть додаткову резервну копію.

Майкл Герверс, EAP 254, EAP340, EAP526, EAP704, Ефіопія

«Катастрофа з оцифруванням» ніколи не буває такою страшною, як здається на перший погляд, і завжди можна знайти рішення!

Софі Сарін, EAP488, EAP690 та EAP879, Малі

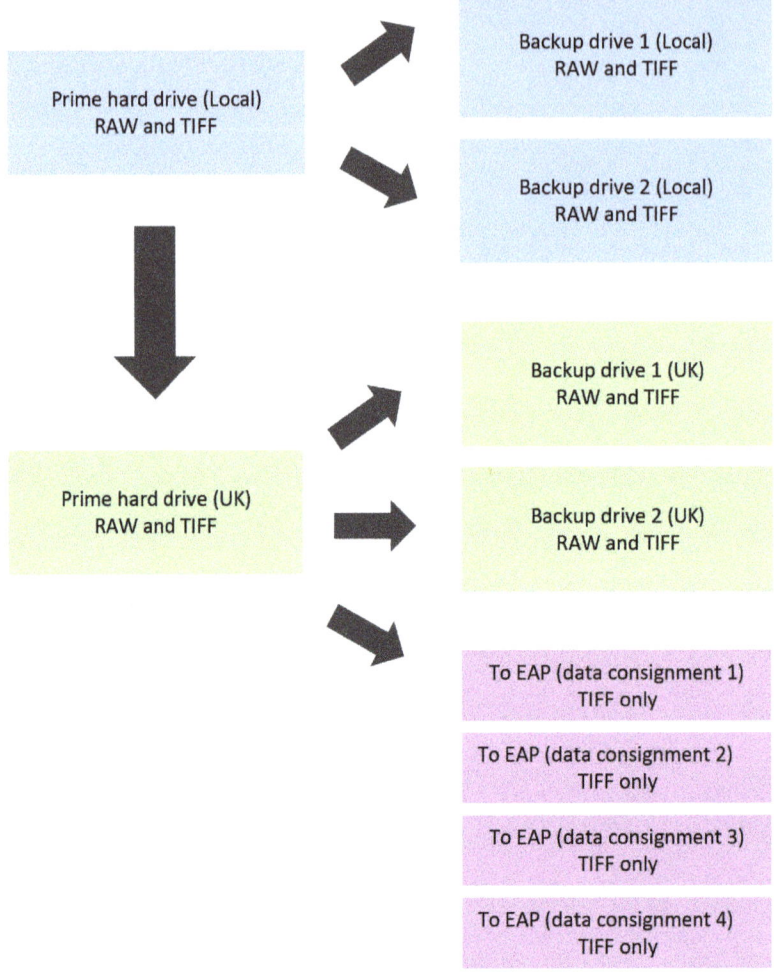

Зображення 37. Польова система для резервного копіювання.
У цій моделі вся робота виконується локально - тобто фотографування, перевірка та експорт даних у TIFF відбуваються там, де знаходяться документи.

Таким чином, потік даних є одностороннім. Якщо на місці відбувається лише фотографування, а перевірка та експорт у TIFF здійснюється віддалено менеджером проєкту (в даному випадку у Великій Британії), то потік даних буде складнішим. Файли у форматі RAW передаватимуться до Великої Британії, а остаточні набори даних у форматі TIFF надсилатимуться як на локальні диски, так і далі до Британської бібліотеки.

В обох сценаріях, однак, принцип залишається незмінним: захист даних здійснюється шляхом створення декількох резервних копій в різних місцях. Остаточні набори даних надсилаються до EAP поетапно, щойно буде значний обсяг зображень. Це означає, що дані зберігаються лише на жорстких дисках проєкту якомога менше часу. Ілюстрація © Andrew Pearson, CC BY 4.0.

Перевірка на віруси

Використання та підтримка антивірусного програмного забезпечення є важливою частиною захисту даних. За можливості, оновлюйте програмне забезпечення через інтернет. Якщо це неможливо в польових умовах, перевірте дані на віруси за першої ж можливості після повернення.

Каталогізація/створення метаданих

Хоча каталогізація, створення метаданих, які супроводжують ваші цифрові зображення, і внесення їх до списку («лістинг») не є основною темою цієї книги, вони є невід'ємною частиною процесу.

EAP має суворі вимоги щодо оформлення таких списків і надає бланк-таблицю, до якої треба завести усі дані. Обов'язкова інформація включає: місцезнаходження і право власності на оригінальні записи, включно з будь-якими аспектами авторського права; установи, де будуть зберігатися дані; технічні характеристики створених зображень та обладнання, яке використовувалося для їхнього створення і впорядкування (тобто камера і комп'ютерне програмне забезпечення); деталі каталогізації на рівні проєкту, колекції, серії і файлу - останній є кожним окремим томом/документом, який оцифровується. Деякі технічні дані потрібні на етапі передання даних до EAP, тоді як більша частина каталогу в кінцевому підсумку буде перенесена до основного каталогу Британської бібліотеки.

Вказівки щодо правильного заповнення таблиці для лістингу є досить детальними і виходять за рамки цієї книги. Тим не менш, деякі моменти підкреслимо:

- Не варто недооцінювати, скільки часу знадобиться для складання списку – і жодним чином не ставтесь до цього як до другорядного завдання!

- Заздалегідь і детально вивчіть правила складання списку, щоб повністю розуміти вимоги. Якщо необхідно, дістаньте копії списків інших проєктів, які слугуватимуть вам орієнтиром (однак пам'ятайте, що ваша таблиця має бути найбільш свіжою версією, тому не можна використовувати більш ранню версію як точний шаблон).

- Список не можна складати заднім числом (наприклад, після завершення решти проєкту). Деякі елементи можна опрацювати в комфортних умовах вашого офісу вдома, але багато важливих деталей - зокрема, щодо фізичних характеристик матеріалів - практично неможливо визначити дистанційно.

- З точки зору робочого процесу логічним моментом для створення детального інформаційного каталогу є час фотографування, або точніше, одразу після завершення оцифрування. Документ у ваших руках, і його потрібно виміряти та описати. Кожна сторінка щойно пройшла перед вашими очима, тому ви зможете помітити будь-які проблеми, такі як розірвані, забруднені або пошкоджені комахами сторінки, а також частково або повністю відсутні сторінки.

- Створюйте резервні копії електронної таблиці «лістінг» так само ретельно, як ви робите резервні копії цифрових зображень. Повторне введення даних для великого проєкту може зайняти неймовірно багато часу, а деяку інформацію про оригінальні документи може буде важко або неможливо відновити лише з пам'яті.

Коли всі необхідні записи та введення даних зроблено, ви завершите роботу з цим документом. Якщо він не підлягає консервації, його можна повернути до архіву або власнику, а процес оцифрування може переходити до наступного етапу.

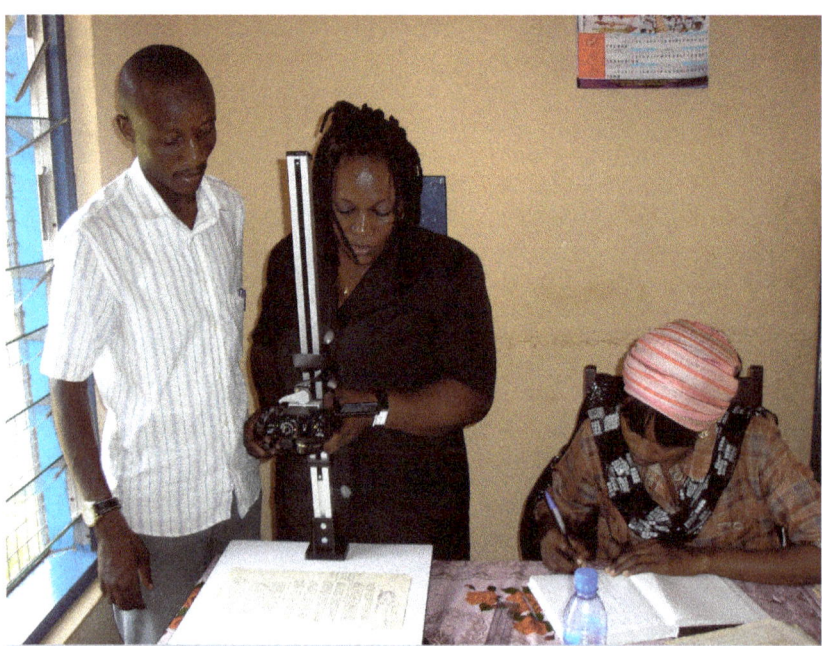

Зображення 38. EAP256, Внесення до списку відбувається одночасно з фотографуванням у Тамале, Ґана.
Фото © Ismail Montana, CC BY 4.0.

6. На місці

Якщо в попередніх розділах йшлося про технічні стандарти та процеси, то в цьому розділі йдеться про практичні аспекти роботи на місці. Альтернативною назвою може бути просто «як це зробити». Те, що тут пропонується, не може бути вичерпним, оскільки кожен проєкт діятиме в унікальних обставинах. Дійсно, найкраща порада - зрозуміти якомога більше про свій проєкт до його запуску, а якщо ви подорожуєте, щоб реалізувати свій проєкт, то будьте готові імпровізувати, коли дістанетесь місця! Тим не менш, знання - це сила, тож при написанні цього розділу ми спиралися на досвід численних грантерів EAP і сподіваємося виокремити деякі спільні теми. Маємо надію, що це принаймні дасть вам поживу для роздумів.

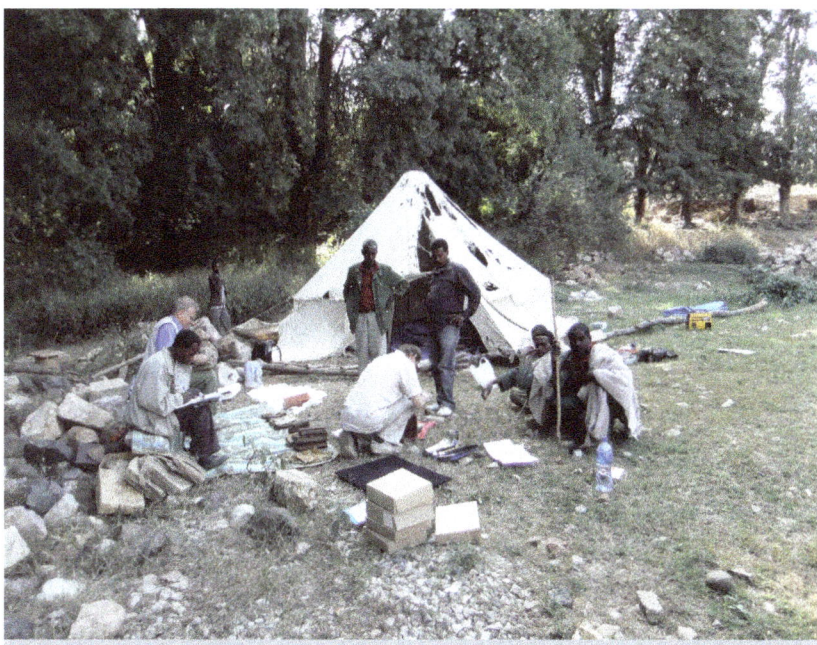

Зображення 39. EAP526, Теорія зустрічається з практикою в Ефіопії.
Фото © Michael Gervers, CC BY 4.0.

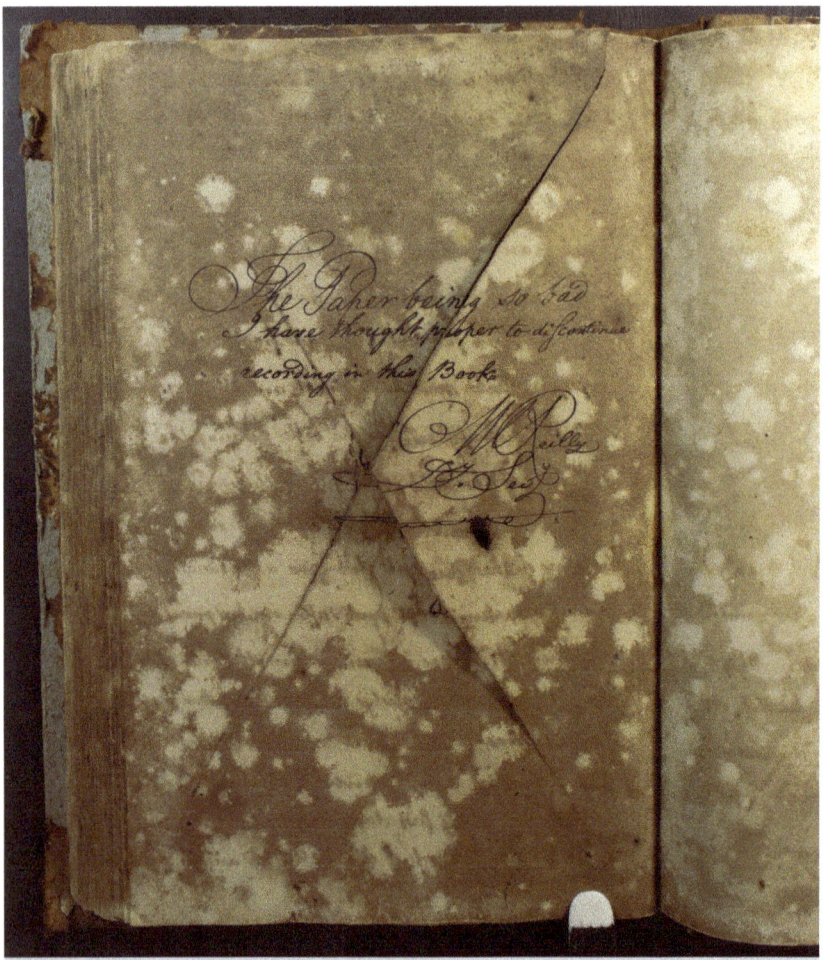

Зображення 40. EAP688, Крихкі об'єкти.
Не лише місцеві обставини можуть ускладнити ваш проєкт; часто фізичний стан самих матеріалів створює значні проблеми, як у випадку з Сент-Вінсентом. Фото © Kenneth Morgan, CC BY 4.0.

> Майже в кожній експедиції один або кілька членів команди (включно з місцевими учасниками) серйозно хворіли, але зазвичай це тривало не більше трьох днів. Найкраще зробити рекомендовані щеплення перед від'їздом і взяти з собою запас ліків.
>
> *Майкл Герверс, EAP 254, EAP340, EAP526, EAP704, Ефіопія*

Перед від'їздом

Команда проєкту

Перед від'їздом на здійснення проєкту вам і вашим співробітникам можуть знадобитися:

- візи;
- дозволи на роботу;
- страхування подорожей (важливо, щоб воно включало покриття витрат, пов'язаних з роботою);
- професійне страхування (за необхідності);
- імунізація.

Також подумайте про організацію самої подорожі. Все повинно бути заброньовано (перельоти, проживання, трансфери з/до аеропорту тощо). Місцеві партнери також повинні бути поінформовані про дату і час вашого прибуття!

Здоров'я та безпека

Це має першорядне значення. У повсякденному житті ми всі миримося з «ризиками», але, виконуючи робочий проєкт, ви несете додаткову відповідальність за захист себе і своїх співробітників. Невиконання цього обов'язку є просто неприпустимим: це потенційно наражає персонал проєкту на небезпеку, а вас і вашого роботодавця на кримінальне переслідування за недбалість.

Якщо ви працюєте в академічній установі або комерційній компанії, у них є правила, які вимагають проведення офіційної оцінки ризиків. Якщо ні, все одно проведіть її. Це не просто вправа для галочки чи ще один тягар бюрократичної епохи. Швидше, це абсолютно необхідний засіб забезпечення належної уваги до теоретичних небезпек, на які ви або ваша команда можете наразитися. Оцінка ризиків зазвичай складається з чотирьох основних етапів:

виявлення та кількісна оцінка ризиків (тобто, які потенційні небезпеки ви можете передбачити, яким є найгірший результат, і наскільки ймовірно, що це станеться насправді); формулювання заходів контролю або зменшення ризиків (тобто засобів, за допомогою яких ви уникнете небезпеки, знизите ймовірність її виникнення або зменшите її потенційний вплив);

> Робота в передмістях і сільських районах Західної Бенгалії потребує зусиль, зокрема через погані дороги і слабку мережу громадського транспорту. До цього додається питання безпеки, а часті відключення електроенергії та перекриття доріг у зв'язку з політичними кампаніями чи з інших причин були частиною повсякденного життя наших дослідників.
>
> *Абхіджит Бхаттачарія, EAP643, Бенгалія*

> Перевірте свою страховку. Якщо ваш роботодавець страхує вас, переконайтеся, що він знає, чим саме ви займаєтесь. Перевірте, чи потрібно подавати оцінку ризиків. Або ж переконайтеся, що ваша особиста страховка забезпечує повне покриття.
>
> *Тім Проктер, EAP626, Сьєрра-Леоне*

> Ми переконалися, що для успішної роботи в місцевих церквах важливо подорожувати з духовною особою, яку добре знають і поважають у громаді, де ви хочете працювати. Одного разу єпископ призначив бухгалтера супроводжувати нас. Він користувався великою повагою серед монахів і залишався з нами майже протягом усього часу, який ми провели на місці. Одного дня ми здивовано побачили, що у наплічній кобурі під рясою він носить пістолет.
>
> *Майкл Герверс, EAP 254, EAP340, EAP526, EAP704, Ефіопія*

> Насильство під час виборчих кампаній може серйозно вплинути на життєздатність запланованих проєктів. Навіть за допомогою партнерської інституції на місцях така напруженість ускладнює реалізацію проєкту «Архіви під загрозою зникнення», особливо якщо документи зберігаються в органах державної влади. Дати виборів можуть бути несподівано змінені.

> У моєму випадку мені довелося двічі відкладати заходи. Я був у захваті від реалістичного підходу Британської бібліотеки; немає тиску щодо дотримання запланованих графіків; проєкт не втрачається. Це дуже позитивно.

- оцінка «залишкових ризиків» (тобто тих, що залишаються після впровадження заходів контролю);
- загальна оцінка допустимості проєкту (тобто, хоча небезпеки завжди залишатимуться, і інциденти можуть статися завжди, чи знаходяться ризики зараз в межах допустимих параметрів, як з точки зору ймовірності, так і тяжкості наслідків?)

Для тих, хто не має досвіду проведення оцінки ризиків, цей процес може здатися абстрактним. Однак це не більше, ніж просто здоровий глузд: виявлення проблеми та пошук її вирішення. Нижче наведено три приклади:

- Дослідник працює і подорожує на самоті.
  Ризик: якщо ви подорожуєте кудись далеко, можливо, поганими дорогами, що станеться, якщо ваша машина потрапить в аварію? Скільки часу мине, допоки вас не почнуть шукати?

  Заходи контролю: складіть план безпечної подорожі. Тут буде вказано маршрут, яким ви плануєте рухатись, і час, коли очікуєте прибути. Цей план слід передати комусь, кому ви зможете підтвердити своє безпечне прибуття або хто зможе підняти тривогу, якщо ви сильно запізнитесь. Переконайтеся, що ваш транспортний засіб придатний до експлуатації. Майте при собі мобільний або супутниковий телефон. Подумайте про те, щоб найняти місцевого водія, який має досвід їзди цими дорогами.

- Погане/неякісне водопостачання.
  Ризик: зараження хворобами, що передаються через воду.
  Заходи боротьби: купуйте воду в пляшках; майте при собі набір для очищення води; майте антимікробні препарати (переконайтеся, що вони підходять для середовища, в якому ви працюєте: не кожен антибіотик ефективний у кожній ситуації).

- Політична нестабільність/громадянські заворушення.
  Ризик: небезпека насильства щодо команди проєкту.
  У цьому випадку жодні заходи контролю, швидше за все, не будуть доцільними, оскільки ситуація знаходиться поза вашим контролем. Порадьтеся з державними органами своєї країни щодо доцільності поїздки. Розпитайте місцевих жителів про характер проблеми, про те, як і де вона проявляється, і що можна зробити, щоб уникнути неприємностей. Після цього можна прийняти рішення про те, чи варто їхати далі.

Ваше спорядження

- Зберіть весь комплект і **протестуйте** його!
- Переконайтеся, що ви досконало **знаєте**, як все працює, і стосовно апаратного, і програмного забезпечення. Потренуйтеся збирати, розбирати та чистити обладнання.
- Проведіть **пробне оцифрування**. Намагайтеся зробити цей процес достатньо тривалим і максимально реальним, щоб виявити будь-які проблеми, які можуть виникнути. Чим менше вам доведеться вчитися і вирішувати проблеми на місці, тим краще.

- Подумайте про **страхування** обладнання. Це може бути реальним, або й ні, оскільки вимоги багатьох страхувальників (наприклад, щодо безпеки) занадто суворі для віддаленого або незвичайного проєкту, щоб їх задовольняти. Витратьте час на пошуки, і якщо ваш проєкт знаходиться в незвичному місці, очікуйте, що вашу заявку буде спрямовано до брокера. Прочитайте, що написано в умовах страхування дрібним шрифтом і, подаючи заявку, розкажіть абсолютно чесно, що ви збираєтеся робити. Якщо ваші обставини змінюються на будь-якому етапі (наприклад, переїзд вашої «студії» з визначеного місця роботи на нове місце), важливо повідомити про це страхувальника, аби підтвердити, що поліс залишається чинним.

- У зв'язку з вищесказаним, дізнайтеся якомога більше про місце, де ви будете працювати. Наскільки воно безпечне (чи ні)? Які там замки? Чи є решітки на вікнах?

- Паралельно подумайте про **надлишкове** обладнання. Інакше кажучи, як ви будете діяти у випадку втрати, пошкодження, крадіжки чи конфіскації? Чи є у вас запасний план, наприклад, ви маєте із собою запасну копію кожного важливого предмета, або чи ви впевнені, що у тому регіоні є місця, де ви можете купити належне замінне спорядження?

> Значна частина нашого обладнання була двічі викрадена з одного з архівів. На щастя, ми ніколи не зберігали все обладнання в одному місці одночасно. Під час першої крадіжки у нас зникла половина обладнання, але у нас залишався лише один архів, тож це було не страшно. Після останньої крадіжки у нас залишився один комплект обладнання, та ми вже майже закінчили.
>
> *Кортні Кемпбелл, EAP627 та EAP853, Бразилія*

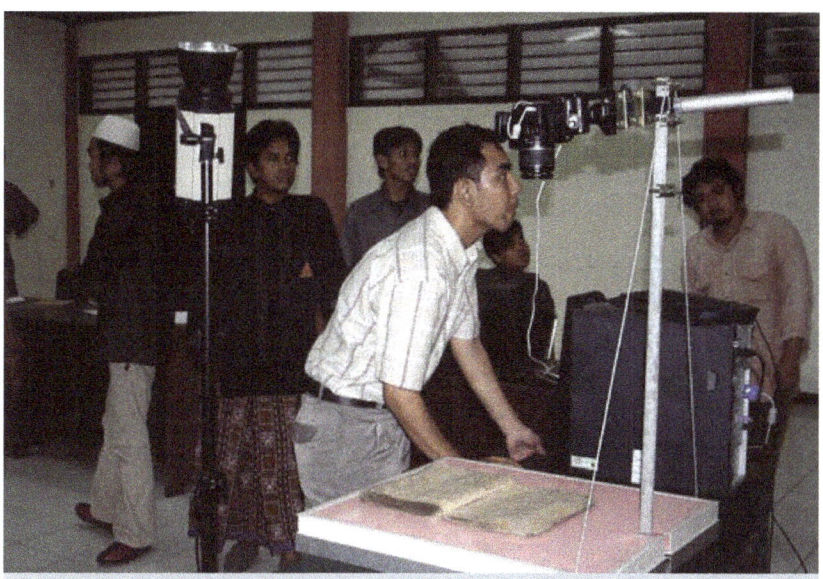

Зображення 41. EAP061, Підставка для копій, виготовлена на замовлення, Індонезія. Дотепне рішення проблеми відсутності підставки для копій. Під час цього одного з перших проєктів EAP, як і в багатьох наступних, грантоотримувачам доводилося відступати від стандартних інструкцій, щоб виконати завдання. Фото © Amiq Ahyad, CC BY 4.0.

Логістика

Робота у віддалених і, можливо, безлюдних місцях вимагає продуманої логістики. Що стосується обладнання, то про це слід подумати на ранній стадії, оскільки це може вплинути на те, які закупівлі ви робите і де ви їх робите.

- **Місце придбання**. Як зазначалося вище, бажано придбати, зібрати та протестувати основне обладнання для оцифрування до того, як воно буде доставлене до місця використання. Однак деякі предмети можуть бути важкими або громіздкими, тоді як транспортування інших може бути заборонене - наприклад, тих, що містять хімікати або розчинники.[1] Якщо такі предмети можна придбати на місці, подумайте, чи не краще купити їх після прибуття.

---

[1] Перевірте, наприклад, чи можна надсилати вантаж з запасними акумуляторами. Часто батареї для фотоапаратів і комп'ютерів дозволяється перевозити всередині цих пристроїв, але додаткові батареї (тобто окремо у вантажі) заборонено.

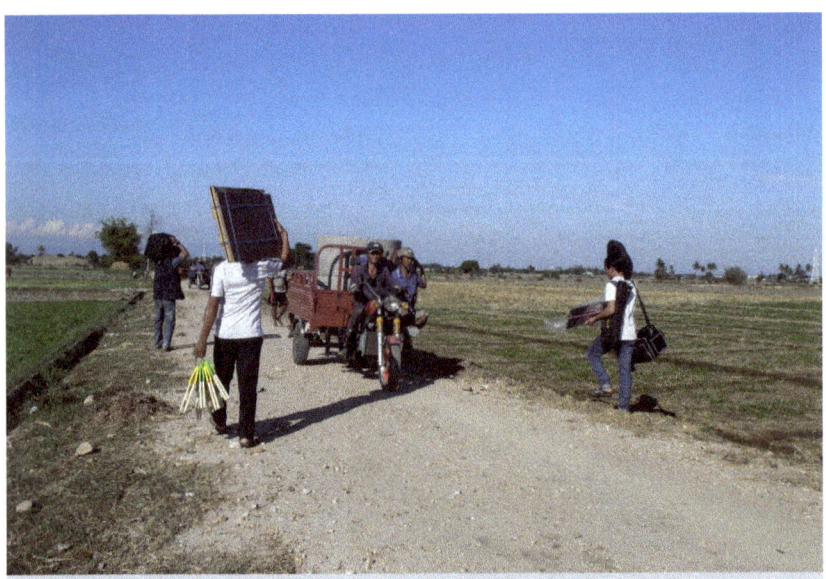

Зображення 42. EAP698, На дорозі у В'єтнамі. Фото © Hao Phan, CC BY 4.0.

Якщо ви відправляєте обладнання морем, спробуйте знайти досвідченого транспортного агента з міцними зв'язками в країні, і переконайтеся, що ви знаєте, які процедури передбачаються на місці отримання.

Тім Проктер, EAP626, Сьєрра-Леоне

Не довіряйте заявам вантажних перевізників про терміни доставки. «Гарантована шестиденна доставка» до незвичайного місця призначення, де певний перевізник не має власної мережі постачання, може бути ближчою до шести тижнів. Так сталося зі мною, хоча я користувався послугами дуже відомої компанії. Запитайте когось у пункті призначення, яка вантажна компанія має місцеве представництво і репутацію надійної.

Мене регулярно обшукують при в'їзді в країну, і мені доводиться обґрунтовувати кожну одиницю обладнання. Мені завжди вдавалося домовитися, і до сьогодні у мене нічого не конфіскували. Особливо складно було, коли я привіз ноутбук, щоб подарувати його державній організації: мене звинуватили в порушенні правил, хоча представник цієї організації чекав на мене в аеропорту з усіма необхідними документами на ввезення.

- **Транспортні засоби**. Як ви плануєте транспортувати обладнання до місця використання? Перевозитимете як багаж чи пакуватимете і відправите окремо? Обидва способи мають свої переваги та ризики. Перевезення обладнання в багажі означає, що ви можете бути впевнені (якщо багаж не загублять), що і ви, і обладнання прибудете в один і той самий час. Однак, як відомо всім мандрівникам, авіабагаж можуть кидати вантажники або недбало оглядати митники, а отже він може бути пошкоджений. Крім того, він багаж відповідати обмеженням авіакомпанії за розміром і вагою, а також тому, що ви можете фізично перевезти! Відправляючи обладнання окремо, можна перевозити більші вантажі, але це потрібно замовляти задовго до вашого прибуття.

- З'ясуйте місцеві **закони щодо імпорту**. Якщо ви ввозите обладнання в країну, чи є у вас відповідні документи? Якщо обладнання залишиться в країні, чи отримали ви звільнення від сплати митних платежів, чи потрібно буде сплачувати мито? Дотримуйтесь правильної процедури. Невиконання цієї вимоги може призвести до труднощів у пункті прибуття і навіть до конфіскації обладнання. У країнах, де існує проблема корупції, переконайтеся, що ви не даєте митникам жодних приводів для вимагання платежів або конфіскації.

Ваші дані

Головною метою вашого проєкту зазвичай буде створення цифрових даних. Тому вам потрібно мати чіткі плани щодо того, як вони будуть зберігатися, передаватися та захищатися. Подумайте про наступне:

- Де зберігатиметься ваш первинний набір даних (наприклад, на жорсткому диску комп'ютера, карті пам'яті камери або зовнішньому жорсткому диску)?

- Яка ваша стратегія резервного копіювання даних? Ви будете робити копії на інші жорсткі диски або передавати їх в електронному вигляді? Якщо ви плануєте робити останнє, чи впевнені ви, що у вас буде надійний і достатньо швидкий інтернет-зв'язок?

- Де ви будете здійснювати кожну частину процесу оцифрування? Чи все буде зроблено на місці, чи ви будете здійснювати обробку/експорт і каталогізацію на більш пізньому етапі? Якщо останнє, то як (і коли) ви плануєте перевіряти продукт, і які можливості ви матимете для перезйомки будь-яких помилок?

Політика

Політика може втручатися або не втручатися у ваш проєкт, залежно від його тематики, масштабу та взаємодії з місцевою владою і чиновниками. Проєкт може розглядатися як нешкідливий, ексцентричний або просто вислизнути з-під уваги політиків. З іншого боку, він може (як це траплялося з багатьма проєктами EAP у минулому) виявитися втягненим у місцеву політику. У таких випадках фактичне оцифрування часто було найлегшою частиною: керівникам проєктів EAP зазвичай доводиться ставати дипломатами і переговорниками, щоб досягти того, що по суті є академічною метою.

Кілька проєктів працювали в дуже нестабільному політичному середовищі, де їхня робота зазнавала серйозних порушень, або її доводилося повністю припиняти. Тут ми знову повертаємося до питання безпеки та обставин, коли особиста безпека переважає над вимогами проєкту.

З іншого боку, особливо в невеликих країнах, проєкт може привести вас до контакту з важливими персонами. Насолоджуйтесь цим досвідом і розглядайте його як можливість розповісти про те, чого ви сподіваєтеся досягти, і підкреслити, яку користь це може принести на місцевому рівні.

- Треба знати місцеву політику та динаміку політичних або чиновницьких відносин (наприклад, особисте та міжвідомче суперництво, власні інтереси, корупція).
- Треба розуміти, як працює місцева бюрократія - і з якою швидкістю вона працює.
- Архіви (зокрема сучасні, але не лише вони,) можуть бути політичною валютою як для правлячого режиму, так і для будь-якої опозиції.
- Намагайтеся усвідомлювати, що вас і ваш проєкт можуть використовувати для зовнішніх цілей.
- Інформація (і контроль над нею) може вважатися формою влади. Ті, хто дотримується такої думки, можуть підозріло ставитися до ваших планів і чинити опір ідеї відкритого доступу до даних.
- Очікуйте на проблеми, які виходять за рамки технічних. Вони можуть стати вашим найбільшим викликом і забрати багато часу.

> Архіви - це не сховища приємних спогадів. Цілком імовірно, що матеріали, які ви архівуєте, мають політичну вагу. Ці матеріали можуть бути чутливими для уряду або його опонентів, оскільки вони можуть розкрити й нагадати світові про небажані й непривабливі сторінки історії, які можуть заплямувати імідж нації. Переконайтеся, що ви добре розумієте політичний клімат, в якому ви опиняєтесь.
>
> *Грем Каунсел, EAP187, EAP327, EAP608, Гвінея*

Не приурочуйте свій проєкт до загальних виборів, коли може виникнути проблема безпеки. Вибори також можуть наразити вас на необхідність налагодження відносин з новим урядом, його міністрами, чиновниками та ідеологією після того, як ви вже пройшли через цей процес з попередньою владою.

Місце нашого дослідження було фактично недемократичною країною, де влада пильно стежить за етнічними громадами. Тому проєкти, що проводяться в етнічних громадах, повинні не привертати до себе особливої уваги і стежити за місцевою політикою.

Я мав справу з кількома державними структурами. У більшості випадків вони були цілком раді допомогти, але деякі почали непокоїтися, що це спроба забрати частину національних архівів, якими вони керують, з-під їхнього контролю, або заробити гроші на чужих архівах.

Мій проєкт оцифровував судові документи, які були власністю Секретаріату, але зберігалися в Національному архіві. Між цими різними гілками влади та їхніми очільниками, не було жодної любові. Проєкт опинився вплутаним у це суперництво, і знадобилося чимало переговорів і терпіння, щоб отримати доступ до записів.

Під час роботи над проєктами EAP я познайомився з одним главою держави та кількома губернаторами островів. Всі вони були доброзичливими, простими людьми, і щиро цікавилися нашою роботою.

Ендрю Пірсон, EAP524, EAP596, EAP688 та EAP794, О. Святої Єлени та Карибський басейн

Не відчувайте себе пригніченими. У невеликих громадах вас, швидше за все, познайомлять з дуже високопоставленими особами. Я мав зустрічі з головним міністром і британським губернатором. Треба мати принаймні один гарний комплект одягу для таких офіційних зустрічей!

Найджел Садлер, EAP769, Монтсеррат-J

Дозволи та відкритий доступ

Належні місцеві дозволи на оцифрування колекції є обов'язковою умовою будь-якого проєкту EAP і, за можливості, мають бути отримані до подання заявки на грант.

Дозвіл на оцифрування також пов'язаний з питанням відкритого доступу.

Але хоча ця концепція доступності дуже популярна в академічних колах, в інших сферах вона менш поширена і насправді є каменем спотикання, на який регулярно наражаються проєкти ЕАР.

Однією з вимог для отримання фінансування від ЕАР є те, що оцифровані матеріали мають бути доступні онлайн, а щоб це було можливим, програма «Архіви під загрозою зникнення» повинна отримати відповідну документацію. Це означає, що необхідно заповнити і підписати форми надання дозволу, розміщені на вебсайті ЕАР. Існує два типи форм, залежно від того, чи матеріал захищений авторським правом, чи ні. У будь-якому випадку, ЕАР просить дозволу поширювати матеріали лише в некомерційних цілях.

Авторське право існує в більшості країн, і грантоотримувач зобов'язаний знати законодавство щодо інтелектуальної власності країни, де відбувається оцифрування. Всесвітня організація інтелектуальної власності (ВОІВ) має корисний вебсайт, де перераховані країни, що мають закони щодо авторського права; там є регіональні контакти, якщо вам потрібно з кимось зв'язатися.

Якщо матеріал захищений авторським правом, грантер повинен отримати дозвіл від правовласника. ЕАР вимагає, щоб це було у формі ліцензії Creative Commons для некомерційних цілей (CC BY NC); форма міститься на вебсайті ЕАР. Це найкращий документ, оскільки він є простим і гнучким договором, який дозволяє дослідникам зрозуміти, що вони можуть робити з цифровими матеріалами ЕАР. У «Формі надання дозволу - CC BY NC» використовується чітка і зрозуміла англійська мова, але правовласника може дещо збентежити прохання підписати документ іноземною мовою. Тому доцільно перекласти відповідні форми та пояснення, розміщені на вебсайті ЕАР, щоб правовласник розумів, що він підписує і чому.

Коли термін дії авторського права закінчується, матеріал стає суспільним надбанням. У цього типу матеріалів більше немає правовласника, але ЕАР все одно вважає за краще мати угоду з власником фізичного матеріалу у вигляді ліцензії, щоб можна було ділитися матеріалом з некомерційною метою (CC BY NC). Так ЕАР явно знає, що власник погоджується, що матеріал буде доступний онлайн, але це також дає Британській бібліотеці та іншим дослідникам чітке розуміння статусу авторського права на матеріал. У цьому випадку необхідно підписати «Форму надання дозволу - суспільне надбання». Знову ж таки, було б розумно перекласти цю форму і будь-які пояснення, щоб власник повністю розумів, на що він погоджується.

Що стосується дозволу та доступу:

- У ваших зустрічах на місцевому рівні абсолютно ясно і відверто повідомте, що зображення будуть розміщені у відкритому і вільному доступі. Чітко поясніть, що це означає.
- Отримайте якомога більше дозволів до від'їзду.
- Дозволів з найвищого рівня може бути недостатньо (або навіть недоречно). Можуть знадобитися дуже локальні дозволи.

- Отримуйте дозволи в письмовій формі. Усна згода може бути нічого не варта.
- Візьміть із собою численні копії всіх листів з дозволами, оскільки багато місцевих співробітників можуть захотіти залишити копію собі.

> В Ефіопії, щоб робити щось, що виходить за рамки чистого туризму, потрібно мати офіційні дозволи та авторизації. Оскільки ми маємо справу з церковними манускриптами, нам потрібен письмовий дозвіл як від церкви, так і від держави. Зазвичай, чим вища інстанція (федеральний рівень і Патріархат), тим менш ефективним є дозвіл. Остаточне рішення приймають жителі села в місцевій громаді. Одного голосу проти достатньо, щоб зупинити всі процедури. Ще важче змиритися з тим, що навіть якщо угода вже досягнута, її може бути скасовано за кілька годин або наступного дня.
>
> *Майкл Герверс, EAP 254, EAP340, EAP526, EAP704, Ефіопія*

> Спілкування з окремими зацікавленими сторонами може бути складним. Проблеми, характерні для робочого середовища у вашому місті, так само проявляться у вашому проєкті, тому рекомендується ознайомитися зі стратегіями управління персоналом щодо вирішення проблем на робочому місці. Це може здатися досить дивним, але успішні переговори щодо вашого проєкту з безліччю бюрократів, які мають власні інтереси, - це сценарій, який варто розглянути.
>
> *Грем Каунсел, EAP187, EAP327, EAP608, Гвінея*

> Деякі власники рукописів не до кінця розуміли мету збереження та наукові цілі проєкту. У таких випадках команді проєкту доводилося витрачати час на те, щоб переконати власників рукописів дозволити їм фотографувати манускрипти.
>
> *Хао Фан, EAP698, В'єтнам*

> Мої складнощі з певними особами я вирішував, звертаючись за порадою до людей, яким я довіряв. Я обговорював з ними проблеми, брехню, плутанину, приводи для отримання грошей. Мені підказували «місцеві» рішення, і часто вони були доречними.

> Ми стикалися з непередбачуваними затримками і перешкодами майже на кожному кроці, навіть чекаючи на дозвіл від Центральної бібліотеки, щоб прийняти нас. Одна з залучених установ, навіть після отримання письмового дозволу на доступ до колекції та її оцифрування, не надавала нам фізичного доступу до колекції майже цілий рік після того, як ми отримали дозвіл.

> Найбільшим розчаруванням було, коли масово почали забирати назад сімейні архіви, власників яких ми спочатку переконали співпрацювати з нами. Важко уявити, як можна подолати природній страх, який відчували, схоже, всі ці родини перед політичними наслідками оприлюднення їхніх приватних архівів. Однак ми також зіткнулися з великим опором з боку установ, які боялися, що оцифрування їхніх колекцій і надання доступу до них у Центральній бібліотеці зробить їхні власні колекції непотрібними і зменшить бажання потенційних відвідувачів приходити до їхніх установ. Таке ставлення є справжньою перешкодою для оцифрування та розповсюдження матеріалів під загрозою зникнення в країні, де ми працюємо.

> Отримати дозвіл від уряду на документування картин було дуже складно, і навіть з дозволом на нас накладали багато обмежень. Департамент індуїстських релігійних і благодійних фондів уряду штату Таміл Наду (HR&CE) та Археологічна служба Індії (ASI) є органами контролю індуїстських храмів і пам'ятників в Таміл Наду. Навіть хоч ми і отримали від них дозвіл, до певного храму було дуже важко увійти з нашим обладнанням, оскільки храм знаходиться під контролем місцевої поліції; нам щодня доводилося чекати на дозвіл від відповідального чиновника, знову надсилаючи листи і додаючи до них посвідчення особи.
>
> Н Муругесан EAP692, Індія

Місцеві зв'язки та партнерства

Зв'язок з місцевими органами влади є ключовим елементом проєктів EAP і є абсолютно необхідним на багатьох рівнях. У найпростішому випадку це просто розмова з власниками матеріалів, що підлягають оцифруванню. Частіше контакти є набагато більш суттєвими, і багато проєктів отримали вигоду завдяки взаємодії з місцевими організаціями та людьми. Нижче перераховані деякі моменти, на які варто звернути увагу, і це також стосується деяких інших тем, які розглядаються далі в цьому розділі, щодо комунікації, персоналу та інформаційно-просвітницької роботи.

- Оберіть, кому ви можете довіряти. Спробуйте зробити це, послухавши кількох місцевих людей.
- Ви приїжджий, можливо, «гість». Поводьтеся тактовно і шанобливо, і стежте за тим, що говорите!
- Зберігайте відчуття перспективи: проєкт може бути важливим для вас, але для інших людей світ на вас не клином зійшовся. У них є повсякденні турботи, на тлі яких оцифрування рукописів може здатися неважливим і геть абстрактним.
- Місцеві проблеми вирішуються на місцях.

Управління очікуваннями

Від самого початку і впродовж усього проєкту важливо чітко розуміти параметри вашої роботи - як вам самим, так і в спілкуванні з іншими. Управління очікуваннями має здійснюватися від самого початку і є ключем до побудови та підтримки довіри.

- Чітко визначте цілі вашого проєкту та шляхи їх досягнення.
- Так само чітко визначте межі своєї компетенції – інакше кажучи, чого ви не будете робити.
- Не давайте обіцянок, яких не можете виконати.
- Принагідно підкреслюйте, що за догляд за матеріалами відповідають місцеві органи. Деякі проєкти приїжджають і з'ясовують, що від них очікують вирішення всіх проблем зберігання і довготривалої консервації матеріалів. Так само і в деяких колишніх колоніальних країнах вважають, що колишні імперські держави зобов'язані фінансувати захист документів, які вони створили. Це особливо актуально для проєктів у колишніх британських володіннях через зв'язок EAP з Британською бібліотекою.

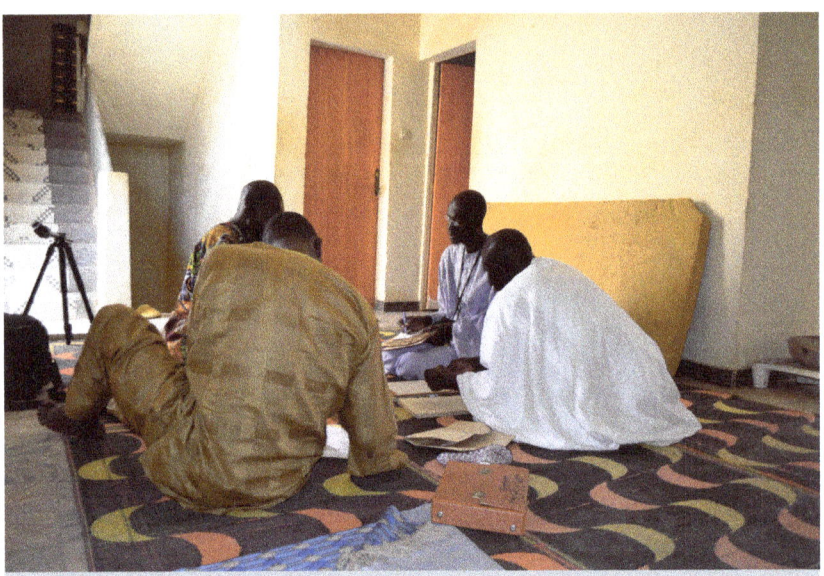

Зображення 43. EAP334, Цифрове збереження рукописів Волоф Аджамі, Сенегал. Фото © Fallou Ngom, CC BY 4.0

Може виникнути багато перешкод, незрозумілих процесів і шляхів ведення справ, які будуть дуже незнайомими. Вони можуть забирати значну частину вашої енергії, і хоча роздуми про те, як їх подолати, дуже важливі, корисно також обговорити проблеми з місцевими друзями, яким ви довіряєте [...] Місцеві рішення місцевих проблем можуть бути показовими і доречними, а обговорення проблем також допомагає зменшити стрес.

Грем Каунсел, EAP187, EAP327, EAP608, Гвінея

Тримайте свою думку при собі. Це особливо актуально в невеликих громадах. Пам'ятайте, що якщо ви критично висловлюєтесь про когось, є велика ймовірність, що він є родичем або другом людини, з якою ви розмовляєте!

Іншою проблемою була зайнятість людей. Більшість людей були фермерами, тому було важко зустрітися з ними, коли вони мали йти на обробку чи збирання врожаю. У такі часи нам доводилося йти до них дуже рано вранці, щоб принаймні отримати дозвіл на фотографування рукописів.

Стівен Мори та Поппі Гогой, EAP373, Ассам

- Ви можете «успадкувати» спадщину минулих невдач, включно з обіцянками, які, як вважають, інші приїжджі порушили.
- Так само ви можете зіштовхнутися з цілковитим незнанням! Те, що може бути очевидним для вас, може виявитися цілком новим для інших. У таких випадках будьте готові пояснити свою роботу, починаючи з базових засад, включно з тим, чому вона є цінною.

> Розробляючи контракти з міжнародними партнерами, ми намагалися конкретизувати результат кожного проєкту. У більшості випадків ми вказували кількість цифрових об'єктів, які партнери проєкту повинні були надати. Ми також визначали часові рамки кожного проєкту.
>
> *Хао Фан, EAP698, В'єтнам*

> Добре мати уявлення про очікування людей від проєкту і знати, чи задоволені вони тим, що робиться.

> Ми показали їм метадані, які ми готували, щоб переконати їх, що належний облік рукописів буде збережено. Це мало запевнити їх, що їхні прізвища та родинні дані записуються як власників рукописів, і що ми не використовуємо рукописи заради жодного бізнесу.
>
> *Стівен Мори та Поппі Гогой, EAP373, Ассам*

> Найтрагічніше, це коли проєкт дізнався про кілька попередніх випадків, коли сім'ї позичали свої історичні документи дослідникам історії, і потім ті документи їм ніколи не повертали. Такі зловживання часом ускладнювали наш власний проєкт, оскільки від самого початку ми опинилися в токсичній ситуації, коли наша команда справжніх і чесних дослідників, які дотримуються суворого кодексу дослідницької етики, одразу ж потрапила під підозру через неправомірні дії попередніх «дослідників». Сім'ї зрештою заспокоїла не лише політика EAP - не забирати матеріали у власників, а й сама назва Британської бібліотеки.
>
> *Кайл Джексон, EAP454, Індія*

> Було таке відчуття, що «все це вже робилося раніше, але безуспішно». Мені регулярно говорили, що кожен проєкт з архівами або провалився, або зрештою втратив динаміку. Це означало, що люди вже відчували приреченість і безнадійність щодо потенційного успіху цього проєкту.

Також існувало переконання, що «хтось інший фінансуватиме роботу архівів», а не місцева влада. Важко було переконати місцеві департаменти, які керували архівами, що цього не станеться, так само, як і намагатися пояснити їм, що архіви потребують кращого догляду та більшого доступу громадськості.

Не забудьте також пояснити загальні та історичні причини, чому збереження цих даних є таким важливим. Коли ваші партнери зрозуміють це, вони з більшою ймовірністю будуть послідовними та наполегливими впродовж триваліших проєктів.

Девід ЛаФевор, EAP843, Куба

Відсутність особистого спілкування може призвести до непорозумінь або затримки проєкту. Тому важливо передбачити в міжнародному спільному проєкті бюджет на фінансування відряджень для особистих зустрічей керівників проєктів, бажано на ранній стадії проєкту. Після такої зустрічі комунікація між партнерами проєкту буде набагато ефективнішою.

Хао Фан, EAP698, В'єтнам

Сьогодні, коли електронна пошта є основним способом комунікації на робочих місцях у західному світі, нам легко забути, що багато людей в інших частинах світу все ще віддають перевагу спілкуванню телефоном або особисто.

Хао Фан, EAP698, В'єтнам

Деякі місцевості були дуже віддаленими; Кібдо, Чоко (Колумбія) був одним з найбільш важкодоступних [...] Робота на Кубі - це завжди виклик, враховуючи рудиментарну комунікаційну інфраструктуру та політичні складнощі для іноземців, які бажають займатися цим видом роботи. Проєкти в Бразилії також пов'язані з низкою труднощів, зумовлених їхньою віддаленістю.

Девід ЛаФевор, EAP843, Куба

Навчивши персонал та волонтерів, я залишався на зв'язку через електронну пошту, скайп та інші інтернет-форуми протягом трьох місяців пілотного проєкту, щоб допомагати їм і консультувати, коли це було необхідно.

Найджел Садлер, EAP769, Монтсеррат

> Усі згадані проблеми були ефективно вирішені командою проєкту, яка проявила терпіння, наполегливість і гнучкість. Ключовим у вирішенні цих проблем було те, що до команди проєкту входили два науковці з етнічної групи Чам, які є дуже шанованими людьми в громадах Чам. Інші члени команди також є чамами, які розмовляють мовою чамів і розуміють культуру чамів.
>
> *Хао Фан, EAP698, В'єтнам*

Комунікація

Хороша комунікація надзвичайно важлива, але досягти її далеко не просто. Не існує універсального методу діалогу, прийнятного для всіх, і в різних культурах він працює по-різному. І хоча сучасні технології є стандартом у західному світі, вони можуть бути непрактичними та неефективними в інших місцях.

- Створіть чітку структуру всередині команди проєкту. Хто є головним? Хто має видавати інструкції? А для людей на місцях, хто є їхнім безпосереднім керівником або першою контактною особою?

- Електронна пошта є поширеним засобом ділового спілкування в західному світі, але це не завжди так в інших країнах. Часто перевага надається особистим зустрічам або, якщо це неможливо, розмовам по телефону. Проблеми, які здаються нерозв'язними, часто випаровуються, коли ви маєте справу з кимось особисто.

- Якщо ви не володієте місцевою мовою (мовами), переконайтеся, що до проєкту залучена людина, яка нею володіє. Такі люди не лише допоможуть вести діалог на практиці, але й зрозуміють культурну динаміку комунікації в цьому суспільстві.

- Спілкуючись з місцевими зацікавленими сторонами, проводьте якомога більше особистих розмов. Діалог часто стає набагато складнішим і менш ефективним, коли ви перебуваєте на відстані.

- Якщо ви керуєте персоналом віддалено, створіть ефективний метод для довгострокової комунікації.

> Хоча це здається очевидним, іноді ми забуваємо, що люди різних культур спілкуються в різних стилях. Прямолінійне звернення, звичне для американця, може бути сприйняте як нетактовне людиною з Південно-Східної Азії. Ми дійсно зіткнулися з непорозумінням з партнером проєкту, коли намагалися переконати його вкластися в графік проєкту. Коли ми надіслали партнеру електронного листа з повідомленням про те, що може статися з фінансуванням, якщо графік проєкту буде не дотримано, партнер вочевидь сприйняв це повідомлення як погрозу припинити фінансування і відреагував досить негативно.
>
> *Хао Фан, EAP698, В'єтнам*

Персонал та управління ним

Багато проєктів EAP працюють з місцевим персоналом, який часто відіграє вирішальну роль у їхньому успіху. Набуті знання і навички, що залишаються після завершення проєкту, є довгостроковим і дуже цінним результатом. Однак управління персоналом може бути складним завданням, і проблеми можуть загостритися, якщо ви намагатиметеся керувати проєктом дистанційно через місцевих працівників.

- Дуже добре подумайте про заробітну плату, яку ви платитимете. Місцеві ставки часто можуть бути надзвичайно низькими і становити незначну частину вашого загального бюджету. Коли ви навчаєте людей, їм може бути легше знайти працевлаштування в інших сферах. Не втрачайте талановитих співробітників через небажання платити кілька додаткових фунтів на день.

- Незважаючи на всі ваші зусилля, все одно можна втратити персонал. Сплануйте навчання так, щоб воно було «каскадним» (тобто передавалося від місцевих до місцевих) після вашого від'їзду.

- Делегування завдань має ґрунтуватися на вашому баченні компетентності персоналу. Для передачі навичок, а також для зменшення вашого власного навантаження, в ідеалі слід делегувати якомога більше. Однак виправлення помилок або неякісної роботи вимагає непропорційно великих зусиль. Регулярно переглядайте розподіл обов'язків протягом проєкту.

- Створіть сильні механізми лінійного управління, завдяки яким ви зберігаєте керівні функції і де всі знають, хто перед ким відповідає. Призначте одну особу, відповідальну за навчання та надання подальших консультацій: уникайте протилежної ситуації, коли багато людей дають суперечливі поради.

- Якщо ви керуєте персоналом віддалено, створіть систему регулярних звітів про прогрес і тримайте лінії зв'язку відкритими. Таким чином ви зможете контролювати проєкт, а співробітники не відчуватимуть себе ізольованими та розгубленими.

- Уважно стежте за оцифрованим продуктом, який створюється. Робіть це регулярно, щоб будь-які технічні помилки не повторювалися в кількох документах, а будь-яка недбалість була швидко помічена.

- Подумайте про засоби впливу на місцевий персонал. Як уникнути ситуації, коли ви повністю залежите від них, але не маєте жодного контролю над графіком їхньої роботи та якістю продукту?

Це можна зробити за допомогою грошового контролю - наприклад, розплачуючись після виконання задовільної роботи. Як варіант, можна розглянути можливість відрядження співробітників, які працюють в місцевих органах влади: вони матимуть безпосереднього керівника, який перебуватиме на місці. Зрештою, це питання балансу. Ви маєте довіряти своїм співробітникам, тоді як брак довіри, фінансовий гачок або надто пихате керівництво можуть бути потенційно згубними для робочих стосунків.

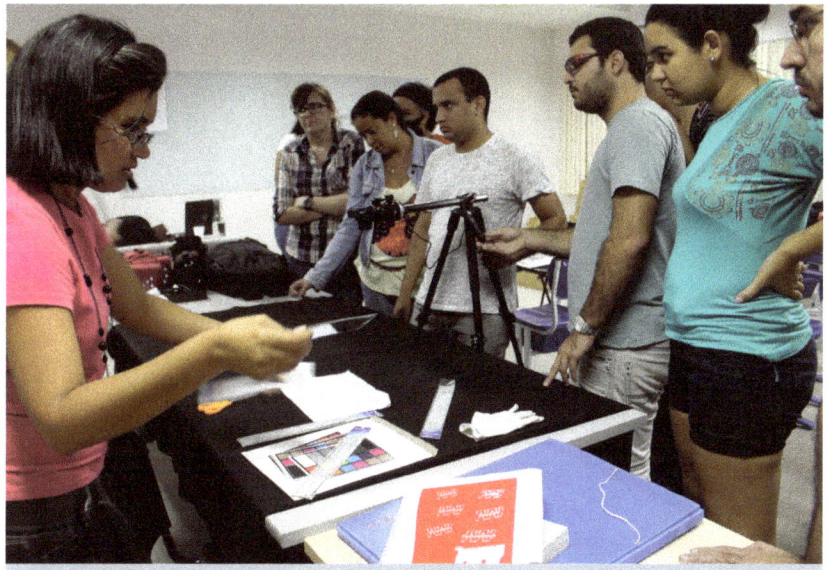

Зображення 44. EAP627, Навчання персоналу в Параїбі, Бразилія.
Фото © Courtney Campbell, CC BY 4.0.

> Наявність місцевої команди, яка може ефективно виконувати роботу, є запорукою успіху проєктів EAP. Серед членів команди проєкту повинні бути люди, які належать до громад, що володіють цільовими матеріалами. Ці члени команди найкраще знають, як працювати з людьми у своїх громадах, і можуть подолати багато проблем, які сторонній людині може бути дуже складно вирішити.
>
> Хао Фан, EAP698, В'єтнам

> До складу команди має входити щонайменше одна людина, яка дуже добре володіє технологіями. Ця людина забезпечить відповідність виконуваних робіт стандартам EAP і допоможе команді вирішувати технічні проблеми, що виникають під час роботи в польових умовах.
>
> Хао Фан, EAP698, В'єтнам

Я навчив кількох людей, як користуватися обладнанням, як оцифровувати архіви найефективнішим шляхом і як поводитися з архівними матеріалами для їхнього збереження. Деякі з цих людей зараз навчають інших, щоб допомогти в подальшій роботі з оцифрування після завершення проєкту.

Найджел Садлер, EAP769, Монтсеррат

В рамках навчальної програми ми написали детальні «технологічні інструкції». Ці нотатки дозволили місцевому персоналу мати матеріал, який посилював їхню підготовку і слугував точкою відліку для всього, що їм було незрозуміло. Це також дозволило їм навчати інших правильним і структурованим чином після нашого від'їзду.

Ендрю Пірсон та Бен Джеффс, EAP596, Ангілла

Нещодавно нам довелося переробити кілька родинних колекцій, бо зображення були надто маленькими. Такі помилки трапляються часто, тому що місцевий персонал, який пройшов навчання, все ще не достатньо обізнаний щодо комп'ютерів і іноді не розуміє, в чому різниця. Незважаючи на неодноразові тренінги, такі помилки трапляються, і процес оцифрування потрібно дуже ретельно контролювати.

Не довіряйте повністю тому, що люди виконують свою роботу: перевіряйте ще і ще раз!

Я був вражений високим рівнем технічного розуміння цифрових систем, який мали деякі досить молоді співробітники. Ми вчилися у цієї «цифрової молоді».

Мартін Юргенс, EAP086, EAP177, EAP326, Лаос

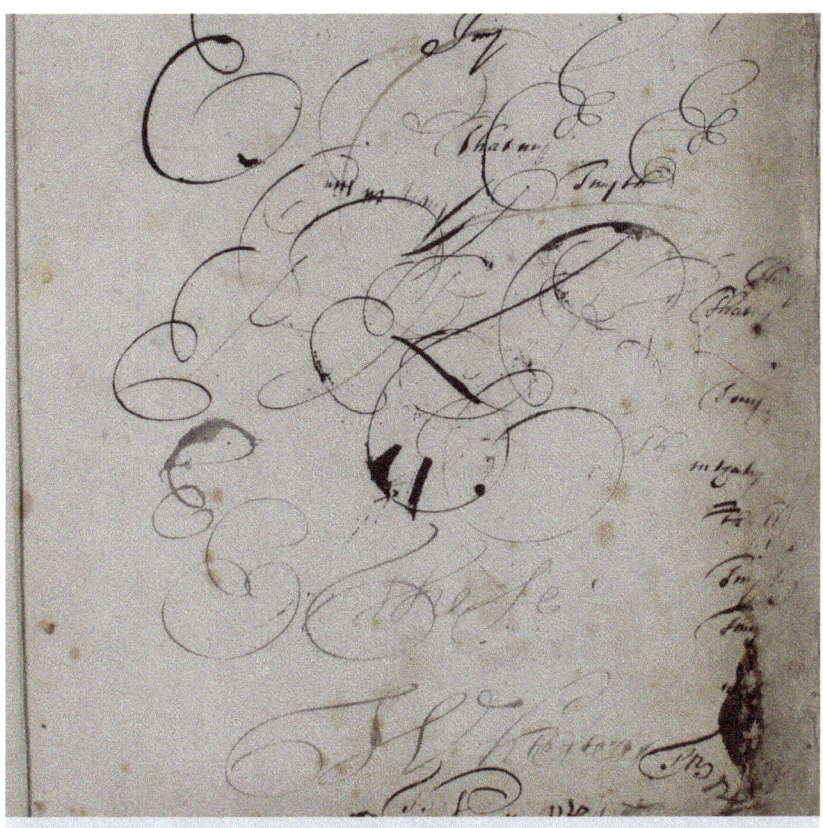

Зображення 45. EAP524, Історичні каракулі.
Не лише сучасні працівники можуть нудьгувати та відволікатися, про що свідчить цей документ Ост-Індійської компанії сімнадцятого століття з острова Святої Єлени. Фото © Andrew Pearson, CC BY 4.0.

Гроші

Гроші - і фінансовий менеджмент – це серцевина проєкту. Втім, як виявило багато грантерів, це часто одне з найскладніших для них питань. Це також потенційно одне з найбільш стресових питань, особливо коли доводиться розлучатися зі значними сумами грошей на користь третіх осіб.

- Ведіть детальний облік усіх витрат, навіть найдрібніших. Якщо ви не реєструєте їх, невеликі не зафіксовані витрати можуть в кінцевому підсумку призвести до значних «дірок» у ваших рахунках.

- Регулярно оновлюйте ваші записи. Не повертайтеся додому з величезним мішком квитанцій, сподіваючись, що пам'ятатимете всі подробиці про те, скільки і на що витрачено!

- Отримуйте чеки на все, що можливо. Якщо необхідно, носіть із собою власну чекову книжку і просіть продавців заповнювати її.
- Ознайомтеся з вимогами бухгалтерського обліку організації, яка вас приймає. Якщо ви не дотримуєтесь цих вимог, може виявитись, що не всі ваші витрати будуть покриті і доведеться оплачувати їх з власної кишені. Особливо це стосується невеликих незафіксованих витрат під час подорожі.

> Хоча багато людей з ентузіазмом ставилися до проєкту, було кілька важливих осіб, які були налаштовані зірвати його поступ за кожної нагоди. Неодноразово мені брехали; вигадували приводи на кшталт несправності обладнання або відсутності необхідного дозволу на архівування певних матеріалів, говорили, що допоміжної кімнати з матеріалами проєкту «не існує», а величезне архівне завдання, що стояло переді мною, часто відкидали як нездійсненне. Я не могла збагнути цієї впертості та обструкціонізму (а часто й грубості), аж поки не дійшла висновку, що мій проєкт не пропонував певним особам достатніх фінансових стимулів. Я припустила, що архівна колекція так довго залишалася неархівованою, навіть попри те, що було призначено спеціальне обладнання та персонал, тому що основні менеджери чекали на «великий проєкт» з відповідним прибутковим бюджетом.

- Переказуючи великі суми третім особам, переконайтеся, що все чітко документується. Напишіть їм або надішліть електронного листа, щоб повідомити їм про переказ коштів; попросіть їх підтвердити отримання.
- Переважна більшість людей, з якими ви маєте справу, будуть чесними та скрупульозними. Однак пам'ятайте, що корупція існує, а в деяких місцях є ендемічною. Якщо це є проблемою, переконайтеся, що ви розумієте якомога більше про ситуацію, з якою маєте справу. Знову ж таки, наявність документів має вирішальне значення.
- Грошові перекази за кордон можуть бути для вас чимось новим, і розставання з великими сумами через «Форекс» може викликати стрес. На найпростішому рівні, ви можете бути не впевнені в процесі переказу: чи вірно я все роблю, чи правильні реквізити рахунку мені надали? на більш серйозному рівні, як зазначалося вище, ви можете переживати, що гроші потраплять до рук потенційно корумпованої особи або системи. В обох цих сценаріях подумайте про здійснення першого «тестового» переказу. Переконайтеся, що кошти надійшли безпечно і були вірно призначені. Схожим чином, замість того, щоб надсилати одноразову суму (наприклад, на

зарплату співробітникам), надсилайте низку платежів поетапно, мінімізуючи так свій ризик.
- Як і в багатьох інших аспектах, зверніться за порадою до місцевих жителів і, якщо можливо, скористайтесь досвідом інших людей, які працювали в тому ж регіоні або країні.

> Незгода часто виникає через гроші. Щоб уникнути непорозумінь, будь-якій передачі грошей повинен передувати письмовий договір. Будь-яка фінансова угода повинна бути записана і підписана всіма зацікавленими сторонами, включно зі свідками.
>
> *Майкл Герверс, EAP 254, EAP340, EAP526, EAP704, Ефіопія*

> Власники рукописів спочатку вкрай неохоче дозволяли нам фотографувати документи, а місцева адміністрація розглядала проєкт як форму крадіжки. У місті досі побутує думка, що коли EAP оцифровує документи, то продає зображення за великі гроші, і що власникам рукописів майже нічого не перепадає.

> Якщо ви не ефіоп, вас вважатимуть заможним, тому будьте готові до постійних зазіхань на вашу кишеню. Водночас, вам будуть щиро вдячні, якщо ви залишите чайові покоївці, готельному посильному та багатьом іншим робітникам, з якими ви контактуєте і які живуть на мізерні заробітки. Також слід віддячити вашому постійному водієві за те, що ви досі живі. З іншого боку, немає необхідності давати чайові на заправці або в таксі. У ресторанах достатньо 5%.
>
> *Майкл Герверс, EAP 254, EAP340, EAP526, EAP704, Ефіопія*

> З недовірою до наших намірів нам доводиться стикатися щодня. Допомагає те, що ми пропонуємо власникам рукописів невелику щоденну плату, поки ми працюємо з їхніми документами.

> Найважчий урок наш проєкт отримав у сфері фінансового менеджменту. Переказ великих сум грошей на офіційні рахунки не означає, що чиновники будуть діяти чесно, і це особливо небезпечно в регіонах, де такі великі перекази є звичним явищем, і де різниця між заробітною платою та сумою переказу є великою. Деякі політики та певні місцеві корпорації сумно відомі своєю корумпованістю. На жаль, дух легкої наживи, схоже, дещо проник і в державні університети.

> Не ототожнюйте ділові стосунки з дружбою. Якщо ви довіряєте місцевому жителю будь-яке майно, обов'язково укладіть угоду про його повернення в письмовій формі, підписану всіма сторонами, включно зі свідками.

Інформаційно-просвітницька робота

Цей розділ стосується побічних видів діяльності, якими, можливо, доведеться займатися: зв'язок з громадськістю та інформаційно-просвітницька робота. Вони є практично корисними для проєкту, але також приносять вам немалу втіху. Насправді багато грантерів дійшли висновку, що саме це є родзинкою проєкту. Грантери спілкувалися зі школами та місцевими громадами, а інші виходили на ширшу аудиторію. При проведенні цієї роботи важливо ставитися однаково прихильно до конкурентних ЗМІ.

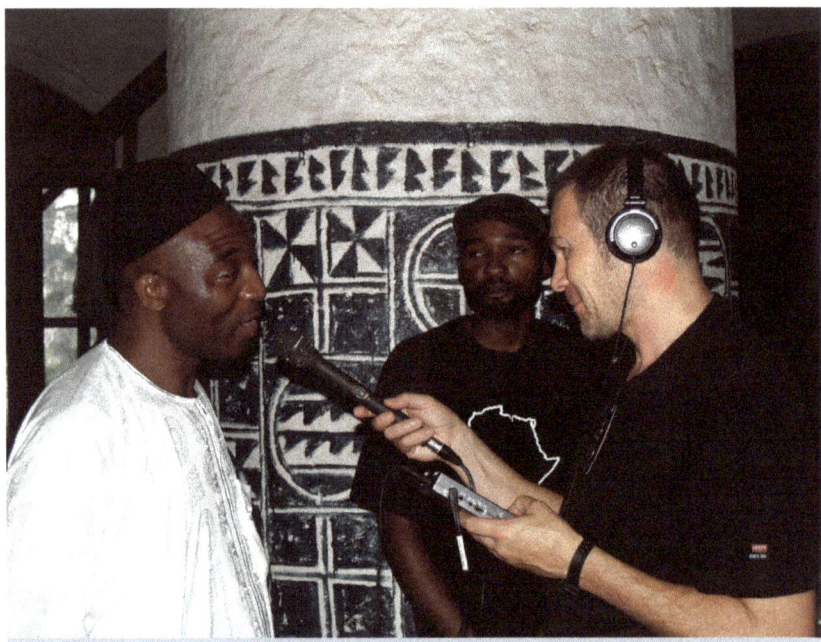

Зображення 46. EAP051, Радіопрограма Всесвітньої служби Бі-Бі-Сі про важливість манускриптів Бамума, Камерун.
Фото © Konrad Tuchscherer, CC BY 4.0.

> Розповідайте, розповідайте, розповідайте. Місія EAP приваблива за своєю суттю, а особливо серед місцевих людей, які інтенсивно цікавляться своєю історичною ідентичністю чи її різновидами. Місцеві університети та коледжі хапалися за кожну нашу пропозицію розповісти студентам старших курсів про наш проєкт оцифрування та «майбутнє історії».
>
> *Кайл Джексон, EAP454, Індія*

За можливості беріть участь у місцевих заходах, навіть якщо вони не стосуються вашого проєкту. Вони дадуть вам чудову можливість не лише прорекламувати свій проєкт, але й познайомитися з людьми, які можуть допомогти. У першу неділю мене відвезли на обід, але на зворотному шляху водій заїхав додому до друга, на неформальну вечірку з випивкою. Там я зрештою поговорив з членами комітету місцевої організації, які із задоволенням розповідали історії про свою молодість на Монтсерраті. Ці ж люди потім постійно з'являлися на офіційних зустрічах, тож ми мали змогу поговорити про багато речей.

Найджел Садлер, EAP769, Монтсеррат

Найдивовижнішим досягненням було те, що після презентації в міській раді ми отримали в подарунок численні коробки з матеріалами з приватних колекцій. Серед них була ціла колекція Маріано Сендоя, письменника, історика та колишнього мера Калото. Ця колекція ще не інвентаризована, вона містить як оригінальні архівні документи, так і неопубліковані рукописи Сендоя. Інші пожертви були переважно від членів вже закритого історичного товариства. Деякі з них походили з приватних колекцій, а інші були матеріалами, вилученими з архіву Калото у 2004 році після того, як міський службовець навмисно підпалив архівну колекцію, що перебувала у повному занепаді.

Томас Деш Обі, EAP650, Колумбія

Шукаючи документи, які зберігали приватні власники, ми провели в приміщенні Національної бібліотеки «день оцифрування». Про цей захід було оголошено по радіо та в газетах, запрошуючи місцевих жителів приносити будь-які сімейні документи чи фотографії, якими вони хотіли б поділитися. Реакція була чудова, і серед багатьох незначних речей знайшлося чимало цікавих і незвичайних матеріалів. Колекція, яка мені запам'яталася, належала Тревору Дейвісу (псевдо «Рас Бакет»), спортсмену, який виступав за свою країну на регіональних та світових чемпіонатах. Він приніс фотографії та газетні вирізки, які охоплювали всю його кар'єру. Ми їх сфотографували, і тепер вони є частиною архіву острова. Практично ніщо в той день не стосувалася основного нашого проєкту, але як засіб привернути увагу громадськості та показати, що ми робимо, день оцифрування був безцінним.

Ендрю Пірсон та Бен Джеффс, EAP596, Ангілья

Проєкт також має бути спрямований на те, що вигідно громаді. Підтримка громади дуже необхідна для безперебійної реалізації проєкту, а це можливо лише тоді, коли громада усвідомлює, що також отримає вигоду від діяльності проєкту.

Стівен Морі та Поппі Гоґой, EAP373, Ассам

> Максимально використовуйте місцеві ЗМІ. Проєкт ЕАР на Монтсерраті висвітлювався в місцевих газетах до і після мого візиту на Монтсеррат, і я також взяв участь в радіоінтерв'ю, де розповів про нашу роботу і відповів на запитання слухачів. Мене також запросили на іншу радіопередачу, щоб розповісти про дослідження Першої світової війни, яке я проводив на Монтсерраті, що дозволило мені знову розповісти про ЕАР і можливі способи використання архівів.
>
> *Найджел Садлер, EAP769, Монтсеррат*

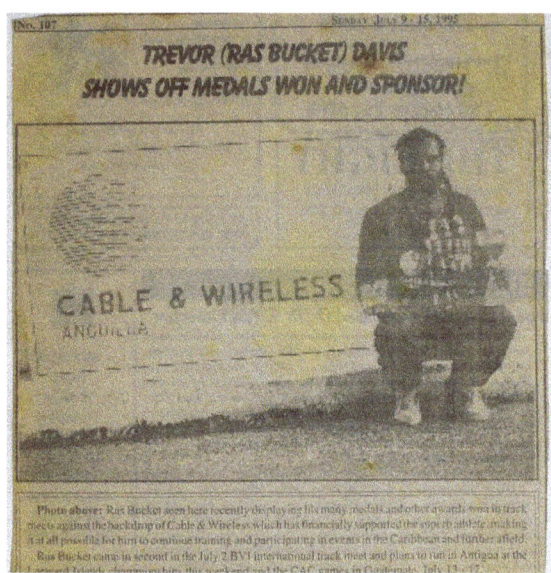

Зображення 47. EAP596, газетні вирізки, сфотографовані в рамках «Дня оцифрування» ЕАР в Ангільї.
Фото © Andrew Pearson, CC BY 4.0.

Висновок

Джоді Баттерворт

Програма «Архіви під загрозою зникнення» має проєкти по всьому світу - від Вірменії до Занзібару. Новини про програму дійшли навіть до найвіддаленішого населеного острова Трістан-да-Кунья, який мав власні виняткові проблеми: лише дев'ять відправлень на острів за рік і низька швидкість широкосмугового зв'язку, що унеможливлювало надсилання зразків зображень до офісу EAP для схвалення. Та хоча у кожного проєкту були різні труднощі, той факт, що зараз ми маємо понад шість мільйонів зображень в Інтернеті, свідчить про успішні результати проєктів, які були підтримані EAP. Серед місць, де відбувалося оцифрування, були міста-оази в пустелі, віддалені гірські села та далекі острови; деякі з проєктів EAP були унікальними, тоді як інші мали спільні риси.

Сподіваємося, що інформація на цих сторінках є для вас корисною. Тепер у вас під рукою є всі інструменти, щоб розпочати власний проєкт з оцифрування. Ви розумієте, що спланувати та реалізувати проєкт - непросте завдання, а підготовка, планування та організація діяльності мають бути здійснені задовго до його початку. Як би добре ви не підготувалися, вас можуть спіткати несподівані невдачі, але сподіваємося, що поради та яскраві приклади від учасників минулих проєктів (яких ми з любов'ю називаємо «випускниками EAP») нададуть вам інформацію та надихнуть вас. Якщо пощастить, вони допоможуть вам усвідомити, що навіть у нестандартних ситуаціях і попри проблеми, які іноді здаються непереборними, можна знайти геніальні рішення.

Можливо, ви вже дійшли висновку, що проєкт з оцифрування є здійсненним і досяжним, і що він вже не є таким страшним, яким уявлявся.

І напевно тут важливо наголосити, що якщо ви вирішите здійснити таку захопливу подорож, вона винагородить вас як особистість. Нам здається доречним, щоб останні слова в цій книжці були сказані одним з грантерів EAP.

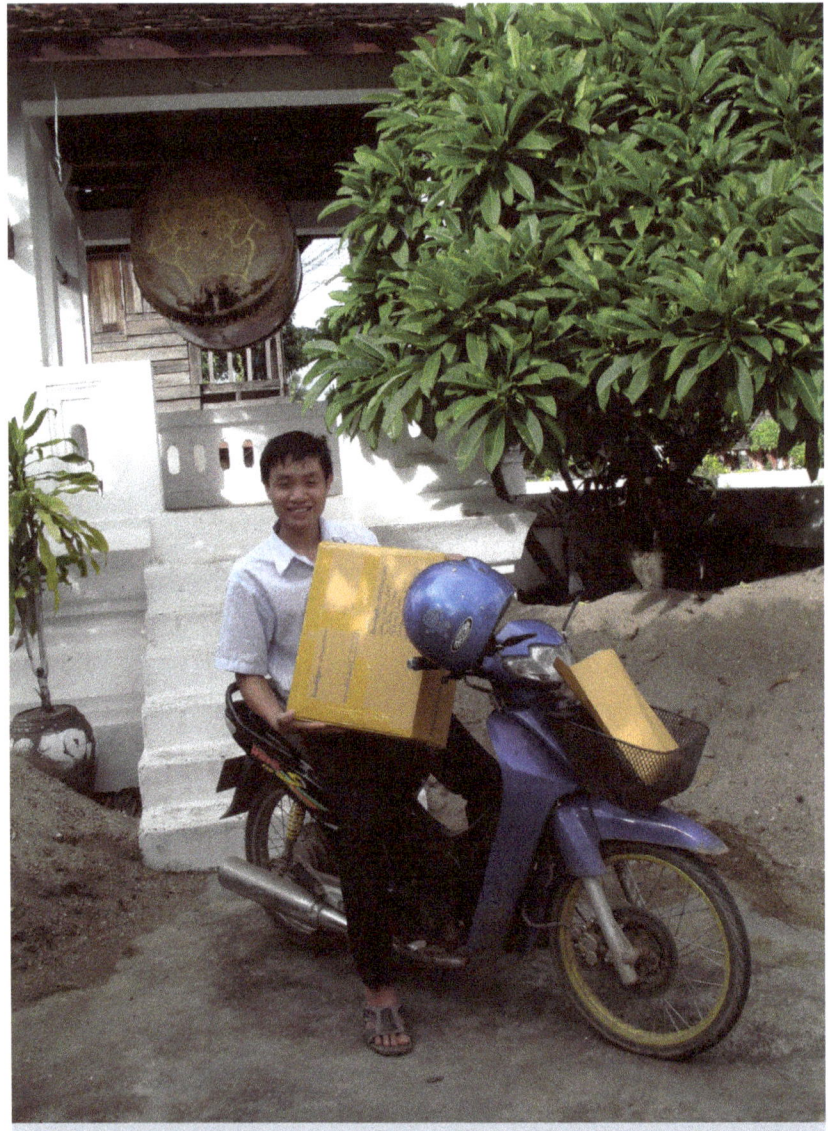

Зображення 48. EAP177, Доставка товару: жорсткі диски готові до відправки з Лаосу. Фото © Martin Jürgens, CC BY 4.0.

EAP051 змінив моє життя - назавжди. Сьогодні я зовсім інша людина і інший науковець, ніж був лише кілька років тому. Час, що я провів в експедиції, працюючи в нашому проєкті ЕАР, відкрив мені вікно в абсолютно новий світ знань, який раніше був для мене непроникним. Світ, про який я кажу, це давно забутий світ на пасовищах Камеруну, світ далекий у часі від того, що знаходиться в цьому місці сьогодні. Це королівство Бамум, яким воно було колись давно, і його голос оживає для мене через позначки на зім'ятому папері 100-річної давнини. Уявіть собі релігійне прозріння в поєднанні з вигуком відкриття «Евріка!», бо тільки так можна описати моє відчуття, коли я прочитав приватного листа короля Нджойї до його найближчого друга Нджі Мами, коли Нджойя лежав на смертному одрі, далеко від дому, у вигнанні. Я знайшов цей лист і став першою людиною, яка прочитала його, окрім того, кому він був адресований близько 76 років тому. Надзвичайно важливо для мене, що я сам розшифрував літери бамумського письма, написані рукою короля, який вмирав. Для мене важливо, що я прочитав і зрозумів його послання мовою оригіналу - бамум (шупамом). Для мене важливо, що я був тим, хто розкрив шифр, яким Нджойя позначав дати, щоб визначити, коли був написаний лист. Я пережив це відчуття осяяння 500 разів під час роботи над проєктом. Час, проведений за збиранням, організацією, копіюванням та дослідженням документів Бамум, озброїв мене вміннями, про які я навіть не мріяв. Я знаю кожен сантиметр писемної спадщини, залишеної народом Бамум - не те, що я все це прочитав і зрозумів (це далеко не так), але я знаю, де це можна знайти. Сьогодні я вільно володію як бамумським письмом (і знаюся на багатьох його архаїчних варіантах), так і бамумською мовою. Закладені підвалини моєї подальшої роботи історика, яка передбачає дослідження документів, використання їх, щоб написати історію Бамум, в тому числі з особистим поглядом на основі давніх письмових пам'яток. Для історіографії Африки це велика рідкість - можливість використовувати безпосередньо зроблені африканцями записи у формі оригінального сценарію для реконструкції історії.

Усі чоловіки та жінки, які брали участь у проєкті ЕАР, вважають, що вони були причетні до чогось справді монументального (і всі вони отримали публічне визнання короля Бамум за цю роботу). Але архів палацу королівства Бамум - це для мене більше, ніж монумент; він представляє ціле робоче життя попереду, з використанням джерел, до яких ніколи раніше не зверталися науковці.

Згадуючи свій досвід роботи в проєкті ЕАР, я можу сказати, що це ніколи не було легко. Ми працювали довго, цілодобово, що мало фізичні та моральні наслідки. Були довгі періоди розлуки з дружиною і дітьми, доки я працював у полях, і всі ми відчували себе самотньо. Я потерпав від нападів хвороб, від дизентерії до малярії, значно схуд, двічі був заарештований корумпованою військовою поліцією (обидва рази на допомогу мені приходив король Бамум). Та озираючись назад, я б ніколи не викреслив ці події зі своєї пам'яті, оскільки вони зробили мене сильнішою людиною.

У мене залишилися тільки хороші спогади. Ми працювали разом, як команда, поводилися як брати, працювали заради спільної мети, в яку ми

> всі вірили (і продовжуємо вірити). Ми працювали під патронатом короля, який підтримував нашу роботу. Король приходив мені на допомогу, коли я цього потребував, приймав мене у своєму домі, а наприкінці мого перебування у Фумбані нагородив мене одним з найвищих рангів у королівстві за мою роботу над проєктом ЕАР (титул «Нджі»). Мої стосунки з королівством Бамум будуть тільки міцнішати...
>
> *Конрад Тухшерер, ЕАР051, Камерун*

Додаткові ресурси

Опитування та результати проєктів регулярно завантажуються на веб-сайт EAP, тому перегляньте різні сторінки проєктів на сайті: https://eap.bl.uk/. Вони допоможуть вам при плануванні власного проєкту.

Корисні завантаження

Ресурси, які можна завантажити з Музею Хілла та Бібліотеки рукописів (на такі теми, як облаштування студії, поради щодо фотографування, щоденні кроки, інструкції до фотоапаратів, програмні інструменти тощо): http://www.vhmml.us/Resource/Downloads/

Брошури Консультативного центру зі збереження з різних корисних тем, зокрема: порятунок бібліотечних та архівних фондів, переміщення бібліотечних фондів, збереження фотоматеріалів, боротьба зі шкідниками, пошкоджені книги, розуміння та догляд за палітурками, загальна консервація тощо: https://www.bl.uk/aboutus/stratpolprog/collectioncare/publications/booklets

Відео про догляд за колекціями Британської бібліотеки: https://www.bl.uk/aboutus/stratpolprog/collectioncare/publications/videos/index.html

Інше читання

Бюлов, А. та Ахмон, Д., 2011, *Підготовка колекцій до оцифрування*.

Лондон: Facet Publishing у співпраці з Національним архівом Великої Британії.

Комінко, М., 2015, *Від пилу до цифри: Десять років програми «Архіви, що перебувають під загрозою зникнення»*. Кембридж: Open Book Publishers. https://doi.org/10.11647/OBP.0052. Доступно для читання онлайн та завантаження у форматі PDF.

Глосарій

APS: Advanced Photo System - вдосконалена фотосистема.

APSC: APSC (Advanced Photo System type-C) - це формат сенсора зображення, який використовується в багатьох високоякісних цифрових камерах, включаючи дзеркальні фотоапарати. Фактичний розмір сенсора варіюється від виробника до виробника, але площа сенсора зазвичай становить 40–45% від площі, що покривається повнокадровим сенсором. Багато камер APSC мають власну лінійку спеціальних об'єктивів, але також можуть використовувати об'єктиви, призначені для повнокадрових камер.

Колірний дефект: Колірний дефект - це відтінок певного кольору, який зазвичай є небажаним і впливає на фотографічне зображення. Певні джерела світла можуть спричинити появу колірних дефектів на цифрових фотографіях. Наприклад, вечірнє та ранкове сонячне світло може надати зображенню загальний теплий оранжево-червоний відтінок, денне світло може надати більш холодний синюватий відтінок, а неонове освітлення - зеленуватий відтінок. Загалом, людське око не сприймає вплив таких коливань колірної температури, оскільки наш мозок компенсує різні джерела світла. Змішані джерела світла з різною колірною температурою не можуть бути легко компенсовані, і їх слід уникати.

Колірна температура: Колірна температура - це міра кольору світла. Холодніші кольори дають блакитнувато-білий, а тепліші - від жовтого до червонувато-білого.

Стійка для копіювання: Це пристрій, що складається з основи та колони, який утримує камеру на місці безпосередньо над об'єктом, що оцифровується.

DSLR: Цифрова однооб'єктивна дзеркальна камера.

Повнокадрова камера: Фотоапарат, у якому матриця має такий самий розмір, як кадр традиційної 35-мм плівки.

Відступ: Внутрішні поля, найближчі до корінця книги, або порожній простір між двома лицьовими сторінками інформаційного бюлетеня чи журналу.

JISC: Об'єднаний комітет з інформаційних систем.

Лістінг (список даних): Форма списку - це електронна таблиця Excel, яка містить всі описові дані, що будуть імпортовані до каталогізаційної системи Британської бібліотеки.

Макрооб'єктив: Макрооб'єктиви оптично та механічно призначені для зйомки крупним планом. Справжні макрооб'єктиви повинні фокусуватися до натуральної величини з коефіцієнтом відтворення 1:1, але деякі макрооб'єктиви на ринку фокусуються лише до 1:2. (При роботі з коефіцієнтом відтворення 1:1 повнокадрова дзеркальна фотокамера заповнить кадр об'єктом зйомки розміром 24 мм × 36 мм) Макрооб'єктиви мають довший, ніж звичайні, фокусувальний тубус, щоб полегшити дуже близьке фокусування. Вони також оптично оптимізовані для близьких робочих відстаней. Більшість доступних сьогодні макрооб'єктивів можуть фокусуватися до нескінченності, а також забезпечують чудову оптичну якість для звичайної фотозйомки.

Термін «макро» використовується досить широко. Багато об'єктивів і зум-об'єктивів пропонують налаштування «макро». Це означає здатність об'єктива до близького фокусування. Хоча такі об'єктиви з функцією «макро» можуть фокусуватися на близькій відстані, вони часто виявляють значні проблеми з викривленням поля або спотворенням об'єктива, які видно на зображенні. На відміну від них, об'єктиви, розроблені спеціально для зйомки крупним планом, мінімізують ці оптичні проблеми.

Метадані: У цьому контексті - це описові дані про фізичні об'єкти, що оцифровуються, які допомагають ідентифікувати та знаходити їх.

Пластазот: Це штучна піна, яка є стабільною і тому безпечною для використання при контакті з крихкими предметами.

RAW: Формат файлів, зазвичай власний для кожного виробника камери, який зберігає всі дані знятого зображення без стиснення.

sRGB: sRGB (стандартний червоний, зелений, синій) - це колірний простір, який зазвичай використовується в цифрових технологіях, моніторах, інтернеті та поліграфії. (На відміну від нього, Adobe RGB - це колірний простір, що використовується переважно у професійній фотографічній. Теоретично, Adobe RGB може представляти ширший діапазон (гаму) кольорів, але для правильного управління ним потрібне спеціальне програмне забезпечення та детальне розуміння всіх етапів цифрового робочого процесу).

TIFF: Формат файлів тегованих зображень. Файл зображення, який зберігає всі дані зображення у форматі «без втрат»; це дозволяє файлу бути меншим за RAW-файли, але більш деталізованим, ніж JPEG-зображення.

Наша команда

Сесіль Ком'юнал, Алессандра Тозі та Шарлот Вівіан були виконавчими редакторками цієї книги.

Ганна Панасюк, Вероніка Маковій, Лілія Зелінська та Вадим Кастеллі переклали книгу українською мовою.

Хайді Коберн та Джіванджот Каур Нагпал були дизайнерами обкладинки. Обкладинка зроблена в InDesign з використанням шрифту Fontin.

Джеремі Боумен зверстав книгу в InDesign і організував видання в паперовій та твердій обкладинці у форматі epub. Шрифт основного тексту Tex Gyre Pagella, шрифт заголовків Californian FB.

Кемерон Крейг організував видання у PDF та HTML. Конверсію здійснено за допомогою програмного забезпечення з відкритих джерел та інших інструментів у вільному доступі на нашій сторінці GitHub, https://github.com/OpenBookPublishers.

Рейган Аллен відповідала за маркетинг.

Троє анонімних колег здійснили рецензію цієї книги. Ці читачі, експерти в даній сфері, щедро виділили свій час, щоб забезпечити наукову точність наших книг. Ми вдячні їм за неоціненні та шляхетні коментарі.

На цьому книга не закінчується...

У видавництві «Відкрита книга» (ОВР) ми змінюємо природу традиційної академічної книги. Книга, яку ви щойно прочитали, не залишиться на бібліотечній полиці, а буде доступна онлайн сотням читачів щомісяця по всьому світу. ОВР публікує лише найкращі наукові праці: кожна книга проходить суворий процес рецензування. Ми робимо всі наші книги безкоштовними для читання онлайн, щоб студенти, дослідники та представники громадськості, які не можуть дозволити собі друковане видання, мали доступ до тих самих ідей. Ця книга та додаткові матеріали доступні за посиланням:

https://www.openbookpublishers.com/product/0480

Налаштуйте для себе

Персоналізуйте свій примірник цієї книги або створіть нові книги за допомогою ОВР та матеріалів від третіх сторін. Візьміть розділи або цілі книги з нашого опублікованого списку і зробіть спеціальне видання, нову антологію або корисний навчальний посібник. Кожне спеціальне видання буде випущено у м'якій обкладинці та у форматі PDF для завантаження. Дізнайтеся більше за посиланням:

https://www.openbookpublishers.com/section/59/1

Підтримайте

Якщо вам сподобалася ця книга, і ви вважаєте, що подібні дослідження повинні бути доступними для всіх читачів, незалежно від їхнього рівня доходу, подумайте про те, щоб зробити нам пожертву. Ми не працюємо для отримання прибутку, і всі пожертви, як і всі інші доходи, які ми отримуємо, будуть використані для фінансування нових публікацій у відкритому доступі: https://www.openbookpublishers.com/section/13/1/support-us

---

We invite you to connect with us on our socials!

BLUESKY	MASTODON	LINKEDIN
@openbookpublish.bsky.social	@OpenBookPublish@hcommons.social	open-book-publishers

Read more at the Open Book Publishers Blog

https://blogs.openbookpublishers.com

Вам також може бути цікаво:

Від пилу до цифри
Десять років програми «Архіви під загрозою зникнення»
За редакцією Майї Комінко
https://doi.org/10.11647/OBP.0052

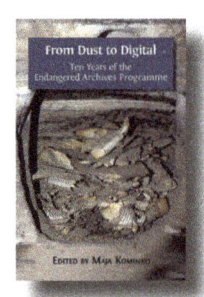

Пошук спільного
Спадщина та мультимедіа в Африці
За редакцією Даніели Мероллі та Марка Туріна
https://doi.org/10.11647/OBP.0111

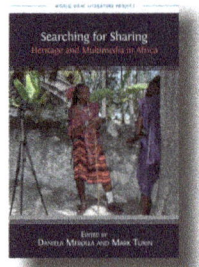

Усна література в цифрову епоху
Архівування усної творчості та зв'язок зі спільнотами
За редакцією Марка Туріна, Клер Вілер та Елеонори Вілкінсон
https://doi.org/10.11647/OBP.0032

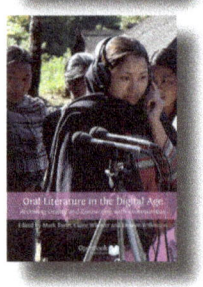

Етика культурної спадщини
Між теорією та практикою
За редакцією Константіна Сандіса
https://doi.org/10.11647/OBP.0047

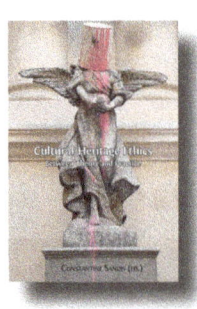